ÉTUDES

SUR LES

POÈTES ITALIENS

ŒUVRES POÉTIQUES DU MÊME AUTEUR :

Mes premières ailes. 1 vol. in-8°.

Esquisses dramatiques et poésies diverses. 1 vol. in-8°.

Les ages et les rêveries d'outre-tombe.

ÉTUDES

SUR LES

POÈTES ITALIENS

DANTE, PÉTRARQUE, ALFIERI ET FOSCOLO

ET SUR LE POÈTE SICILIEN GIOVANNI MELI

AVEC LA TRADUCTION EN VERS FRANÇAIS DES PLUS BELLES PARTIES

DE LEURS ŒUVRES

PAR

GUSTAVE CHATENET

PARIS

LIBRAIRIE FISCHBACHER

(SOCIÉTÉ ANONYME)

33, RUE DE SEINE, 33

—

1892

STRASBOURG, TYPOGRAPHIE DE G. FISCHBACH.

A

JULES SIMON

MEMBRE DE L'INSTITUT

Je me propose ici de mettre en lumière, non seulement les écrits, mais aussi le civisme de plusieurs poètes illustres; vous aussi, vous réunissez tous les dons de l'esprit et du cœur qui font les grands penseurs et les grands citoyens; c'est pourquoi je vous dédie ce livre, certain qu'à l'abri de votre nom, il bravera avec plus de confiance les écueils de la publicité.

G. Chatenet

TABLE DES MATIÈRES

	Pages
INTRODUCTION.	1
Origine de la langue et de la poésie italiennes	1
CHAPITRE PREMIER. — Dante et son époque	9
CHAPITRE II. — La divine comédie jugée par les critiques du XVIIIe et du XIXe siècle	34
Sonnet sur Béatrice	45
Chant troisième. Entrée aux enfers.	46
Chant cinquième. Francesca de Rimini.	52
Chant dix-neuvième. Les Simoniaques.	59
Chant trente-deuxième. Ugolin.	65
Chant trente-troisième. Suite d'Ugolin	68
CHAPITRE PREMIER. — Vie de Pétrarque	73
CHAPITRE II. — Ses œuvres.	86
Choix de sonnets	93
A la fontaine de Vaucluse, Canzone	100
Études sur Alfieri et sur Ugo Foscolo	105
AVANT-PROPOS	105
CHAPITRE PREMIER. — Alfieri, sa vie	113
CHAPITRE II. — Ses œuvres.	122
Sonnet à la comtesse d'Albany	129
Myrrha, tragédie. Acte 5^e	130
Saül, tragédie. 4e et 5e actes	143
CHAPITRE PREMIER. — Ugo Foscolo, sa vie	167

TABLE DES MATIÈRES

	Pages
Chapitre II. — Ses œuvres	190
Foscolo peint par lui-même (sonnet)	205
Les tombeaux (poème)	206
Giovanni Meli, sa vie et ses œuvres	221
La voix	231
La lèvre	237
Le sourcil	243
Don Quichotte	247
Palémon (Idylle)	255
Les pleurs d'Héraclite	273
L'hymne à Dieu	283
Observations grammaticales sur le dialecte sicilien	289

ÉTUDES
SUR LES POÈTES ITALIENS

INTRODUCTION

ORIGINE DE LA LANGUE ET DE LA POÉSIE ITALIENNES

Rome comptait déjà près de huit siècles d'existence lorsque la poésie, transportée en Italie après les conquêtes de la grande Grèce et de la Sicile, atteignit son âge d'or à la cour d'Auguste, et presque aussitôt sa décadence.

Ce goût si pur dont Horace avait donné au monde la plus belle théorie et, ainsi que Virgile, le plus brillant modèle, commença à se corrompre sous les premiers successeurs de ce prince, et cette marche décroissante, déjà sensible dans les vers de Lucain, poursuivit son fatal progrès jusqu'à la chute du premier empire d'Occident.

Aussi à la venue des barbares la poésie latine, épuisée et caduque comme la puissance politique de Rome, ne donnait plus que des sons rauques et sans portée. Cette lente agonie se prolongea encore sous la domination des Huns, et sous celle des Goths qui leur succédèrent, puis enfin l'invasion des Lombards lui porta le dernier coup, vers le sixième siècle de l'ère chrétienne.

A partir de saint Eunodius, évêque de Pavie au temps de Théodoric, jusqu'aux poètes siciliens de la cour de Frédéric II, on ne rencontre plus que silence et ténèbres. Il est assez difficile de déterminer les phases de transformation que dut subir la langue de Virgile, pour donner naissance au Roman, et par suite à la langue littéraire de l'Italie moderne.

Machiavel prétend que l'italien est sorti de la combinaison du latin avec les divers idiomes des barbares. Nous nous garderons bien de réveiller à ce sujet les questions oiseuses qui ont divisé les critiques italiens jusque dans le dernier siècle. Seulement nous croyons pouvoir déclarer après Maffei (*dell Istoria di Verona*) que la fusion d'éléments aussi hétérogènes nous semble de tout point inadmissible. Nous ne saurions comprendre en effet comment l'italien, qui diffère principalement du latin par la suppression des consonnes finales, a pu devoir sa formation aux dialectes germaniques où les consonnes surabondent [1].

L'action des peuples envahisseurs n'a pas été la même dans toutes les parties du monde romain. Si l'antique Bretagne a vu se changer, sous le fer anglo-saxon, ses habitants, ses mœurs, son langage, et jusqu'au nom qu'elle portait, il n'en fut pas de même de l'Italie pendant le séjour des Huns et la longue domination de Théodoric. Les vainqueurs, en effet, se contentant d'une partie des terres et du droit exclusif de porter les armes, laissèrent subsister parmi les vaincus les lois impériales et l'administration romaine.

Supérieurs aux Romains dégénérés, uniquement par la force brutale, ils comprirent immédiatement leur infériorité sous le rapport des arts, des institutions et du bien-être, et se laissèrent subjuguer à leur tour par la toute-puissance de la civilisation. (Voir Gibbon, Décadence de l'Empire Romain.)

Quant aux deux langues latine et tudesque, elles existèrent dans le pays conquis pendant toute la durée de l'invasion, mais elles ne se confondirent pas plus pour former une langue unique, que ne le

---

[1] A cette époque surtout, la langue des Germains (le gothique) différait essentiellement de l'italien par l'accentuation des syllabes finales.

font aujourd'hui l'arabe et le français dans nos possessions africaines.

Hâtons-nous donc de le déclarer : la venue des barbares a pu être, suivant nous, la cause accélératrice d'une transformation, dès longtemps préparée, mais les langues du Nord n'y sont jamais entrées à titre d'élément constitutif.

L'élément barbare étant ainsi rejeté, c'est dans la corruption naturelle et progressive de la langue latine que l'on doit chercher l'origine de la langue italienne.

Les comédies de Plaute laissent deviner, deux siècles même avant l'apparition de l'Enéide, deux langues bien distinctes parmi les Romains : l'une, créée et ennoblie par le génie des écrivains, brille encore pour nous dans les discours de Cicéron et dans les vers des grands poètes latins, et l'autre, qui n'a dû laisser que fort peu de traces dans les livres, était l'expression naïve et capricieuse des besoins de la pensée du vulgaire.

On rencontre, chez presque tous les poètes de l'antiquité, certaines expressions repoussées par la haute latinité et qui comptent précisément parmi les plus nobles de la langue italienne.

Maffei, auquel nous renvoyons pour de plus grands détails (*Istoria di Verona lib. 9*), nous semble avoir suffisamment démontré la tendance du peuple romain à réunir deux syllabes en une seule et à supprimer les consonnes finales, ce qui donne la raison des différences caractéristiques qui séparent la langue de Virgile de celle de l'Alighieri.

Par suite de la décadence toujours croissante de la littérature, ces notables altérations s'introduisirent peu à peu dans les écrits des auteurs latins, et s'y étaient accréditées antérieurement à la venue des barbares. Les médailles et les inscriptions que les derniers temps de l'Empire nous ont léguées, en fourniraient une preuve suffisante, quand bien-même Cassiodore (Orth. chap. 3) ne le confirmait pas de la manière la plus positive.

La langue latine, qui devait briller encore dans plusieurs écrits de Dante et de Pétrarque, semble abandonnée à partir de l'arrivée d'Alboin et de ses hordes dévastatrices. La Toscane et la Sicile se sont disputé l'honneur d'avoir été le berceau de la langue italienne.

Sans entrer ici dans les nombreuses discussions auxquelles cette question a donné lieu, on ne saurait méconnaître ni l'influence qu'a exercée sur la formation de cette langue la poésie provençale, ni le prestige littéraire dont jouissait la cour de Sicile, avant la venue de Dante et de Pétrarque.

On sait qu'en 1220, Frédéric II eut une cour brillante, où fleurit une poésie nationale, sous le nom de poésie sicilienne. Dante nous en fournit un témoignage dans son traité de *Volgari Eloquio*.

« Le dialecte vulgaire des Siciliens, » dit Dante, « semble avoir obtenu la prépondérance sur les « autres à raison de ce que les Italiens donnent le « titre de sicilien à tout ce qu'ils composent en vers, « et parce qu'aussi plusieurs doctes siciliens se sont « distingués dans leurs *canzoni*. »

Toutefois Dante s'empresse de faire remarquer qu'il ne faut pas attacher une trop grande importance à cette renommée de la Sicile, et il ajoute : « Tous les hommes d'un cœur élevé aspirèrent à « mériter la faveur de Frédéric II et de son digne « fils Manfredi, il en résulta que, sous leur règne, « tout ce qui fut publié par des Italiens distingués, « le fut à leur cour, parce que le siège de la royauté « était en Sicile ; il en est advenu que ce que tous « nos prédécesseurs ont écrit en langue vulgaire, a « été nommé sicilien. Cet usage persiste, nous ne « pourrons le changer, ni nous ni nos neveux. »

De leur côté, les partisans de Florence objectent que la langue grammaticale et vraiment littéraire de l'Italie ne date que des chefs-d'œuvre de Dante, de Pétrarque et de Boccace, tous les trois Toscans, et c'est en s'appuyant sur ce fait incontestable, que l'académie de la Crusca lui a donné définitivement le nom de langue toscane.

Pour nous résumer sur ce point, nous ne pouvons mieux faire que de citer le passage suivant de Foscolo (2⁰ discours sur la langue italienne).

« L'entreprise, à nos yeux presque surhumaine, de
« créer une nouvelle langue littéraire, fut continuée
« et accomplie par Dante, mais ce fait paraîtra
« moins merveilleux à quiconque considérera qu'il
« fut introduit et encouragé dans cette voie difficile
« par les poètes qui l'ont précédé. Pietro delle
« Vigne fut, sinon le plus grand, du moins le pre-
« mier de tous, un siècle avant l'Alighieri, et à une
« époque où les Italiens parlaient un jargon latin
« mutilé de ses terminaisons et rendu barbare par
« des mots, des phrases et une prononciation em-
« pruntés aux peuples du Nord.

« Le goût correct et l'oreille musicale de Pietro
« delle Vigne l'aidèrent à choisir les mots les plus
« heureux, à en composer des phrases élégantes et
« à les soumettre à la mesure des vers, de manière
« à leur faire rendre des sons pleins et mélodieux...

« Pietro delle Vigne a en outre l'honneur d'avoir
« donné un grand nombre de formes nouvelles aux
« Canzoni et aux Stanze en usage chez les poètes
« provençaux, et notamment d'avoir créé le sonnet,
« connu aujourd'hui de toute l'Europe ».

Foscolo cite enfin parmi les prédécesseurs de Dante quatre poètes du nom de Guido qui fleurirent tous les quatre hors de la cour de Frédéric II, et dont le plus remarquable, Guido Cavalcanti, eût été éminent dans tous les siècles.

Ceci dit, pour rendre à chacun toute la gloire qui lui est due, nous arrivons à la grande époque de l'Alighieri; celle où d'éléments divers, plus ou moins heureusement préparés, jaillit enfin la lumière pure qui devait guider avec certitude et illustrer le génie italien. Avec Dante cesse la lutte des divers dialectes provençal, lombard et sicilien, pour faire place à une littérature nationale, digne de briller à jamais et avant toutes les autres, parmi les plus accomplies de l'Europe moderne[1].

---

[1] Voir, en tête des études sur Alfieri et Foscolo, l'avant-propos qui complète cette introduction.

CHAPITRE PREMIER

DANTE ET SON ÉPOQUE

Fauriel entreprit en 1833, d'étudier la littérature italienne dans ses plus grands monuments, et, comme il le dit lui-même, il débute par la *Divine Comédie* à peu près comme les poètes de l'ancienne Grèce qui, entreprenant de célébrer les dieux, commençaient par Jupiter.

Le savant professeur comprit que se borner à commenter le poème, en en signalant les beautés, et en cherchant à en éclaircir les obscurités, c'était s'exposer à substituer, — comme on l'a fait trop souvent jusqu'ici, — l'idée du commentateur à celle du poète et, en laissant subsister le doute, multiplier les contradictions.

La Divine Comédie, en effet, n'est pas, comme l'Iliade ou le Paradis perdu, une de ces œuvres qui, grâce à la simplicité des lignes et au complet développement d'une action unique, peuvent dans tous les temps se suffire à elles-mêmes. Se contentant, pour peindre et pour caractériser, d'un trait profond mais rapide, Dante fait entrer dans son poème l'histoire de ses contemporains, de ses affections, de ses haines, de ses douleurs et de ses espérances. Il faut donc, pour le comprendre, s'être fait une idée positive et claire de l'état politique et social de l'Italie à cette époque; il faut connaître Dante comme homme et comme citoyen; il faut enfin, pour apprécier dignement sa valeur littéraire, rechercher ce qu'étaient avant lui la langue et la littérature italiennes.

On sait que les papes, abusant de l'autorité qu'avaient acquise au Saint-Siège les prétendus successeurs de saint Pierre, cherchèrent à fonder leur puissance temporelle en opposant les uns aux autres les princes les plus redoutables de la Chrétienté; c'est ainsi que tour à tour, amis des Grecs et des Lombards, ils appelèrent les rois de France contre ces derniers, lorsque l'affaiblissement de l'Empire d'Orient les eut privés du secours de Constantinople. C'est ainsi qu'au dixième siècle, Jean XII appela l'empereur Othon en Italie pour l'opposer aux Bérenger.

Cette politique, suivie avec une fatale persévérance pendant de si longues années, fut la principale cause de la faiblesse et des malheurs de l'Italie.

L'imprudence de Jean XII ne tarda pas à porter ses fruits; l'Église vit bientôt qu'au lieu d'un protecteur, elle s'était donné un maître, et dès lors elle n'eut pas d'autre but que d'arracher à l'empire une influence qu'il n'était pas disposé à laisser échapper.

Plus tard, lorsque Henri IV fut forcé de s'humilier aux pieds du pape Grégoire VII, la division des souverains gagna les peuples, et fit naître ces guerres sanglantes qui, sous le nom de Guelfes et de Gibelins, armèrent les uns contre les autres, les peuples, les bourgades, et jusqu'aux habitants d'une même cité.

Nous ne pouvons rapporter ici tous les incidents de ce long drame où la cupidité, la trahison, le meurtre ont joué les principaux rôles.

Hâtons-nous de montrer comment la patrie de Dante, après être restée si longtemps muette et obscure, en présence des luttes sanglantes du sacerdoce et de l'empire, et surtout des efforts des villes lombardes pour conquérir leur indépendance, entra tout à coup dans une ère nouvelle de puissance et de liberté.

Le régime populaire à Florence date de cette comtesse Mathilde qui, cédant tout à la fois à ses ressentiments personnels et à l'habileté d'Hildebrand (Grégoire VII), fit cause commune avec ce dernier et lui légua des provinces réclamées par les empereurs, comme fiefs inaliénables entre les deux puissances rivales.

Cette princesse, toujours en lutte contre ses grands vassaux et privée de troupes régulières, sentit le besoin de leur opposer le peuple, qu'elle affranchit de tous les privilèges féodaux. Aussi à sa mort, arrivée au mois de juillet 1115, les nobles, encore puissants par leur position et par leurs richesses, se trouvèrent en présence de communes déjà redoutables par leur organisation et les ressources d'un commerce étendu.

Pendant les 80 ans qui s'écoulèrent de la mort de Mathilde à celle de Henri, les droits du peuple continuèrent à s'étendre et à se consolider. Enfin le pape Innocent III, qui avait résolu d'abaisser à jamais la maison de Souabe, proclama l'indépendance de la Toscane et se constitua le protecteur de ses républiques naissantes.

A la fin du douzième siècle, Florence, avantageusement placée au centre de la Toscane, avait considérablement accru sa puissance, et après avoir rendu tributaires les populations voisines, elle ne tarda pas à faire entrer dans son alliance les villes de Pistoia, d'Arezzo et de Sienne.

La prépondérance de Florence dans cette partie de l'Italie était désormais acquise. Jusqu'alors tous ses habitants, nobles ou plébéiens, formés à l'égalité dès le temps de Mathilde, avaient concouru dans une complète harmonie à l'agrandissement de la patrie commune.

Plusieurs années s'écoulèrent ainsi sans que rien parût troubler cette tranquillité apparente. Mais enfin, ces germes de discorde que tendaient à développer l'ambition toujours croissante de la multitude et la défiance inévitable entre deux classes forcément réunies, firent surgir ces dissensions intestines qui, suivant les prévisions de Dante, amenèrent plus tard l'anéantissement des libertés florentines.

Avec les populations voisines dont Florence s'était accrue par la force des armes, elle avait attiré dans son sein les seigneurs qui les dominaient, en leur assurant titres, honneurs et protection.

Dès lors, outre les intérêts opposés des Grands et de

la multitude, il y eut en présence les ambitions rivales de ces nouveaux nobles et la noblesse antique ; celle-ci, forte de son ancienne possession, n'avait pas tardé à indisposer les nouveaux venus par son arrogance. Force fut donc à ces derniers, exclus alors des premières charges de l'État, de s'appuyer sur le peuple et de recourir à l'industrie pour balancer, par leur richesse, l'influence que donnaient à leurs rivaux de nombreux clients et une puissance territoriale dès longtemps établie.

Le commerce, qui prit de vastes développements entre leurs mains, élargit encore cette ligne de démarcation qui les avait froissés à leur arrivée dans Florence; mais, d'un autre côté, il les rendit nécessaires au peuple, en procurant à la cité des ressources jusqu'alors inespérées.

Dans cet état de choses, une querelle de famille, qui semblait devoir laisser les masses indifférentes, suffit pour amener une conflagration universelle.

Vers 1210, un jeune cavalier de la famille des Buondelmonti, l'une des plus puissantes parmi les nobles enrichis, fut assassiné à la tête du ponte Vecchio, par les Amidei et les Uberti : le motif de cette vengeance était l'union de ce jeune seigneur avec une jeune fille de la famille des Donati, au mépris des promesses faites antérieurement aux Amidei.

Un cri de vengeance, sorti du sein des familles offensées, gagna bientôt toutes les villes, et groupa autour de chacune d'elles toutes les classes de citoyens entraînés par des affections ou des espérances opposées.

Retranchés dans les palais fortifiés, les deux partis se

livraient de sanglants assauts et s'entredéchiraient depuis vingt-neuf ans, avec des alternatives de défaites et de victoires à peu près égales, lorsqu'en 1246 l'empereur Frédéric II, en se déclarant pour les Uberti, obligea le parti des Buondelmonti à se jeter dans les bras des papes, et entraîna ainsi la ville de Florence dans la guerre générale des Guelfes et des Gibelins.

Dès ce jour, Florence avait dit adieu à l'indépendance. Les Gibelins et les Guelfes, tour à tour victorieux, parurent plusieurs fois se réunir dans l'intérêt général, mais la paix ne pouvait être durable entre deux partis qui, tendant manifestement à des buts opposés, fondaient leurs espérances sur des armes étrangères. Le peuple florentin était avide de liberté, mais cette défiance inquiète qui lui faisait voir ses plus grands ennemis au sein de sa propre ville, ne lui permettait pas de l'asseoir sur une base solide. Opprimé d'abord, il s'était élevé peu à peu à l'égalité civile; mais ses prétentions toujours croissantes le rendirent bientôt insupportable à la classe encore redoutable des nobles dépossédés.

En 1250, les Guelfes et les Gibelins, réconciliés en apparence, s'étaient soumis au gouvernement équitable des douze anziani.

Certes, si les deux partis avaient accepté franchement ces nouvelles institutions, elles auraient suffi pour assurer la grandeur et l'indépendance de la patrie commune. Plusieurs années d'épreuves avaient permis aux Florentins de réduire les villes de Pistoia, d'Arezzo et de Sienne, et de conquérir Volterra, lorsque la classe des anciens nobles, écartée de jour en jour des charges publiques par l'antipathie et l'ambition toujours croissantes des plébéïens, crut devoir en 1257, recourir aux armes de Manfred qui, maître du royaume de Naples, réussissait à abaisser la puissance pontificale.

Instruits de ces sourdes menées, les anziani appelèrent à leur barre les Uberti qui, pour toute réponse prirent les armes et, forcés de se réfugier à Sienne, obtinrent peu après une revanche éclatante en 1260. Enhardis par le secours de Manfred, et dirigés par les talents militaires de Farinata des Uberti, ils firent essuyer aux Guelfes, près du fleuve d'Arbia une sanglante défaite et rentrèrent triomphants dans Florence.

C'est à la suite de ce triomphe que les Gibelins, ayant conçu le projet d'écraser à jamais le parti populaire sous les ruines de Florence, rencontrèrent l'opposition magnanime de Farinata des Uberti, célébré si souvent et à juste titre dans la Divine Comédie.

Farinata e il Togghiajo che fur si digni.....

C'est à l'époque où nous sommes arrivés que l'on peut voir combien l'indépendance des Florentins avait été compromise du jour où les deux partis qui la tinrent si longtemps divisée, sacrifièrent à leur intérêt particulier la cause sacrée de la patrie, et crurent devoir s'appuyer, l'un sur l'Empire et l'autre sur l'Eglise.

De même qu'après la bataille d'Arbia, on avait vu les Gibelins obligés d'abandonner à Manfred tous les fruits de leur victoire, de même aussi, quelques années plus tard, après la bataille de Bénévent, vit-on les Guelfes, dans un intérêt de vengeance personnelle, soumettre la Toscane à la domination de Charles d'Anjou.

Ce fait seul suffirait pour expliquer comment Dante Alighieri, né en 1265, dans l'intervalle de ces deux événements, de famille Guelfe, et doué, comme ses ancêtres, d'un profond patriotisme, prit bientôt en horreur les républiques de son temps, et espéra toujours un prince unique dont la main ferme pût retenir sous les mêmes lois comme sous un même ciel, cette patrie si troublée dont lui seul rêvait la véritable indépendance.

Cependant la politique des papes continuait à s'agiter dans le cercle fatal que dès lors nous avons indiqué.

Charles d'Anjou, après s'être vu successivement engagé contre Manfred par Clément IV, puis dépouillé de la Toscane par les intrigues de Nicolas III, avait été appelé de nouveau par le pape Martin, d'origine française.

Cet événement réveilla l'audace du parti populaire à Florence [1]. En 1282 les priori, connus plus tard sous le nom de signori, furent créés pour mettre un nouveau frein à l'autorité de la noblesse. L'exercice préalable d'un art ou d'une industrie fut impérieusement exigé de quiconque aspirait aux charges suprêmes de la république [2].

---

[1] Déjà en 1250 les arts et métiers s'étaient constitués en corps distincts qui ne reconnaissaient d'autres lois que leurs propres statuts, ni d'autre autorité que celle de leurs chefs respectifs.

[2] Florence, devançant l'avenir, mettait ainsi en pratique ce que rêvent encore les plus impatients de nos socialistes, et ses novateurs avaient un tel mépris pour la classe improductive, qu'ils traitaient de noble tout artisan qui se détournait de son travail.

L'institution des priori coïncide avec la bataille navale de Méloria, où les Gênois firent essuyer aux Pisans une défaite si désastreuse.

Le comte Ugolin, qui commandait les Pisans, n'échappa au carnage que pour subir quatre ans plus tard, dans la tour de la faim, un supplice barbare si admirablement décrit au 33e chant de l'Enfer de Dante.

Jusqu'ici nous avons vu les plébéiens et la nouvelle noblesse, se prêtant un mutuel appui, exclure les anciens nobles de toute participation au gouvernement, en remplaçant les buonuomini par des priori choisis exclusivement dans le sein des corporations des arts et métiers.

La concorde entre les vainqueurs ne pouvait être durable ; le peuple, délivré de ses anciens maîtres, se vit bientôt menacé, comme le coursier de la fable, de subir le joug de la noblesse marchande, désormais sans rivale.

L'arrogance de ces grands parvenus était déjà odieuse à la multitude, lorsqu'une injure faite à Giano della Bella, l'un d'entre eux, par l'un des signori, engagea celui-ci à se déclarer ouvertement le défenseur du parti populaire.

Le peuple, devenu tout à coup menaçant, ne tarda pas à obtenir de nouvelles réformes; un gonfalonier, choisi parmi les plébéiens et soutenu par mille hommes d'armes, dont le nombre fut bientôt élevé à quatre mille, fut admis dans le palais des signori, afin d'y protéger les intérêts du peuple contre les usurpations des grands.

Le parti démocratique à Florence venait d'accomplir cette nouvelle conquête, lorsque deux des plus puissantes familles de cette ville, les Cerchi et les Donati, déjà secrètement divisées, furent appelées à prendre part aux querelles des Blancs et des Noirs qui agitaient alors la ville de Pistoia.

Ces divisions menaçaient de plonger la République florentine dans de nouveaux malheurs, et déjà les Guelfes, désormais réunis aux Noirs, réclamaient du Souverain-Pontife un prince étranger pour renverser à jamais le parti des Blancs, lorsqu'en 1300 les priori, effrayés des conséquences de cette conjuration, appelèrent le peuple au maintien de l'indépendance commune et retinrent prisonniers les principaux chefs des Noirs, auxquels ils joignirent quelques-uns des Blancs, afin de prouver leur impartialité.

Au nombre des priori de cette année, on remarquait un jeune noble dont les éminentes qualités promettaient un grand homme à sa patrie: c'était Dante Alighieri.

Il était né au mois de mai 1265, sous le pontificat de Clément IV. Il fut confié après la mort de son père, qu'il perdit fort jeune, aux soins de Brunetto Latine, l'un des hommes les plus érudits de son temps.

On peut voir, au 15e chant de l'Enfer, combien Dante appréciait un pareil maître; il n'est pas permis de mettre en doute sa reconnaissance après la lecture de l'apostrophe suivante:

> Si le ciel eût daigné se rendre à ma prière,
> Vous n'auriez point encore abandonné la terre,
> Car (mon âme se brise à ce seul souvenir)
> Je n'ai jamais cessé d'aimer et de bénir

Ce temps, où m'instruisant, votre voix paternelle
Me montrait le chemin d'une gloire immortelle.
Avant donc que la mort ait pu trancher mes ans,
Le monde aura connu mes vers reconnaissants.

(*Enfer*: chant 15.)

Dante fit des progrès rapides dans toutes les branches des connaissances humaines ; et il était encore fort jeune qu'il se faisait déjà remarquer par ses hautes études philosophiques, et surtout par une intelligence profonde des poètes de l'antiquité.

Le dessin et la musique lui étaient également familiers, quant à son génie poétique, il avait besoin, pour paraître dans tout son éclat, d'être fortement retrempé par le malheur; toutefois, son amour précoce pour Béatrice Portinari permit à l'Alighieri de se distinguer de bonne heure parmi les poètes de son temps.

Il venait de prendre une part glorieuse aux guerres de la république contre les Arétins et les Pisans, lorsqu'en 1290, il eut la douleur de voir s'éteindre cette Béatrice qu'il célèbre dans presque tous ses ouvrages, et dont l'amour si gracieux et si pur devait le guider plus tard à travers les cercles du Paradis.

Cette passion profonde, que son imagination sut revêtir des formes les plus sublimes, ne lui laissa pas oublier ce qu'il devait à sa patrie. Il fut grand citoyen et négociateur habile; aussi, après s'être acquitté avec distinction de missions importantes, tant auprès de Charles II, roi de Naples, qu'auprès du pape Boniface VIII, il reçut la plus noble récompense qu'il pût alors ambitionner : en 1300, il était du nombre de ces signori qui tentèrent si énergiquement d'étouffer à leur naissance les guerres intestines des Noirs et des Blancs.

La noble conduite de Dante en cette circonstance appela sur sa tête des malheurs que la postérité a peine à déplorer, en présence des pages immortelles qu'ils devront bientôt inspirer.

Le pape, cédant aux instances réitérées des Donati, avait enfin envoyé à Florence comme pacificateur, Charles de Valois, qu'il destinait également à la conquête de la Sicile. Les Blancs n'osèrent résister ouvertement à l'envoyé de l'Église, et crurent même devoir se concilier sa bienveillance, en remettant entre ses mains le gouvernement et l'administration de la ville.

Dante seul, fidèle à ses idées d'indépendance, manifesta hautement sa désapprobation ; il fit plus, il repoussa de tous ses efforts la demande que le nouveau dictateur avait faite des deniers publics pour l'aider dans son expédition de Sicile.

Florence n'en continua pas moins à subir les volontés de ce Charles de France qui, armé de la « lance de Judas », venait lui déchirer les entrailles (Purgatoire, chant 10e) et Dante, désormais entouré d'ennemis, ne tarda pas à voir éclater leur vengeance implacable.

Les Gibelins, opprimés de plus en plus par la faction contraire, avaient envoyé notre poète à la cour de Rome, de tout temps hostile à leur cause, afin d'implorer la justice de Boniface VIII et de lui exposer les conséquences fatales de la venue de Charles d'Anjou.

Dante attendait la réalisation des promesses qu'il avait obtenues du Souverain-Pontife, lorsqu'à l'aide de prétendues listes de conjurés, les Guelfes provoquèrent contre les Gibelins, de cruelles proscriptions. Dante, enveloppé dans ces odieuses accusations, fut par un premier arrêt, à la date du mois de janvier 1302, condamné à 8000 livres d'amende et à deux années de bannissement.

Cette première rigueur n'avait pas assouvi la haine des Guelfes; ils obtinrent du comte de Gabrielli, alors podestat de la ville, une nouvelle sentence, dont la cruauté a tous les caractères du délire, quand on songe aux grands citoyens qu'elle prétendait flétrir.

La liste de proscription, que l'on conserve encore à Florence, contient les noms de quinze Florentins, parmi lesquels on distingue Dante Alighieri et le père de Pétrarque, tous condamnés à être brûlés vifs dans le cas où ils tenteraient de retourner dans leur patrie.

Plusieurs parties de l'Enfer et du Purgatoire font allusion à cette époque capitale dans l'histoire du grand poète et de la poésie italienne, mais c'est surtout au chant 17e du Paradis, dans son entrevue avec Caccio Guida, son trisaïeul, que Dante se fait prédire, en termes clairs et précis, son bannissement et les faits qui en furent la suite.

« Tel, cédant aux fureurs d'une marâtre impie,
« Hippolyte quitta les murs de sa patrie;

« Tel un jour de Florence il te faudra partir ;
« Ce but auquel on veut à tout prix aboutir
« D'un ennemi bientôt satisfera l'attente
« Aux lieux où chaque jour le Christ est mis en vente. »

Les bannis tentèrent plusieurs fois, mais toujours en vain, de reconquérir leur patrie par la force des armes. Plusieurs commentateurs ont prétendu que Dante prit part à ces diverses entreprises ; qu'il ne quitta la Toscane que lorsque le mauvais succès du siège de Florence par ses compagnons d'exil, le 20 juillet 1304, lui eut fait perdre tout espoir de rentrer dans sa patrie ; cependant tout semble prouver qu'il résida à Vérone dès l'année 1302 ; tout semble démontrer qu'il désapprouvait ces attaques intempestives ; voici, en effet, ce qu'il se fait prédire par Caccio Guida (au 17ᵉ chant du Paradis).

. . . .
Tu sauras si le pain mendié sur la route
Est amer au palais, et combien il en coûte
Pour descendre et monter par l'escalier d'autrui ;
Mais ce qui doit causer ton plus cruel ennui,
C'est la foule perverse et longtemps aveuglée
Qui t'accompagnera dans la triste vallée !
Oubliant tes avis et leur témérité,
Ils te calomnieront, et ton front insulté
N'aura point à rougir de leur ignominie.
Les faits témoigneront bientôt de leur folie,
Et pour toi ce doit être un éternel honneur
D'avoir pu détacher ta cause de la leur.

> Ton premier protecteur sur la terre étrangère
> Sera ce grand Lombard, à l'âme hospitalière,
> Dont l'échelle et l'oiseau composent le blason.
> Il te doit accueillir avec tant d'abandon,
> Qu'en tous temps on verra sa prévenance extrême
> T'épargner la pudeur de demander toi-même.

Albert, seigneur de Vérone, venait de mourir laissant trois fils, Bartolomeo, Alboin et Cane della Scala. L'Alighieri trouva dans Bartolomeo, qui avait succédé à son père, un protecteur empressé, et demeura à la cour des Scaliger jusqu'à la mort de celui-ci, arrivée au mois de mars 1304.

Les soins hospitaliers de Bartolomeo n'avaient pu empêcher Dante de sentir combien renferme d'amertume le pain des étrangers. Aussi, à l'avènement d'Alboin, qui ne lui inspira jamais la même confiance que son frère, il quitta cette cour de Vérone, où devait le rappeler plus tard Cane della Scala, ce grand espoir du parti gibelin, ce héros si souvent célébré dans la Divine Comédie.

Cependant Florence, agitée par l'ambition inquiète de Corso Donati, voyait les factions et les troubles se multiplier dans son sein ; c'est pourquoi le pape, désireux de rétablir la concorde parmi les Florentins, leur avait envoyé le cardinal Nicolas de *Prato*, lequel favorisait en secret les Gibelins. Celui-ci, après avoir servi le peuple contre les grands, afin d'obtenir de sa reconnaissance le retour des bannis, s'était vu forcé, après d'inutiles démarches, de regagner la cour de Rome. Enfin, après trois années d'une lutte infructueuse, pendant lesquelles l'Église tenta par la force de ramener les Florentins à l'obéissance, le cardinal persuada au pape d'appeler à Rome douze des principaux citoyens de Florence, espérant par ce moyen priver la République de ses chefs, et faciliter le retour des proscrits.

Dante, à qui ces divers événements avaient rendu quelque espérance, se rapprocha en 1307 de cette patrie qu'il regrettait amèrement et qu'il ne devait plus revoir.

Le mauvais succès de ses compagnons d'exil, victimes, cette fois encore, de leur fol empressement, l'obligea bientôt à reprendre sa vie errante.

L'Alighieri cite avec reconnaissance, dans les diverses parties de son poème, plusieurs seigneurs à la cour desquels il a dû séjourner à partir de l'année 1304; et entr'autres le bon Marcel de Malespina, dont l'hospitalité est prédite au chant 8e du Purgatoire.

Mais les commentateurs sont tellement divisés à cet égard, que nous devons nous contenter, à défaut de documents précis, de répéter comme faits généralement acceptés, qu'il demeura successivement à Padoue, Cosentino, Lunigiana, et après s'être retiré quelque temps auprès des moines d'Avellana, il se rendit à Paris, où il soutint avec honneur quelques thèses théologiques.

Florence, après s'être délivrée par le meurtre de l'ambitieux Corso Donati, jouissait depuis trois ans d'une tranquillité apparente, lorsqu'en 1311, l'empereur Henri VII résolut d'aider les Gibelins exilés à reconquérir leur patrie.

L'Alighieri, convaincu que les malheurs de Florence

ne cesseraient que lorsqu'un bras puissant en aurait extirpé les factions, et aurait renfermé l'Église dans les limites du pouvoir spirituel, salua la venue du nouveau César comme celle d'un sauveur, envoyé pour reconstituer l'Empire romain.

C'est à cette époque qu'il lui adressa cette fameuse lettre, où il lui reproche en termes si énergiques sa lenteur à accomplir sa mission divine ; nous en extrayons les passages suivants :

« Quand tu étais petit à tes yeux, n'as-tu pas été dési-
« gné pour être le chef des tribus d'Israël ? Le Seigneur
« t'a ceint pour régner sur son peuple et il t'a envoyé en
« disant :

« Va détruire les pécheurs d'Hamalech... Venge donc
« celui qui t'a envoyé de cette race maudite... te faudra-t-il
« attendre à Milan la fin de l'hiver et penses-tu qu'il
« suffise de trancher ces têtes pour détruire l'hydre veni-
« meuse ? Eh quoi ! ne le sais-tu donc pas ? Florence, c'est
« le séjour cruel de la mort, c'est une vipère qui ronge
« les entrailles de sa mère, c'est la brebis galeuse dont le
« contact infecte le troupeau du Seigneur, c'est l'infâme
« Myrrha, c'est la fille incestueuse qui jouit des embrasse-
« ments de son père.... »

Cette lettre, au premier abord, semble inspirée par un esprit étroit de vengeance personnelle, mais lorsqu'on la rapproche du chant sixième du Purgatoire, on est bientôt convaincu que l'Alighieri n'eut jamais en vue que la grandeur et la prospérité de sa patrie. Impatient de lui voir accomplir les hautes destinées que sa position et le génie de ses habitants semblaient lui promettre, il aspirait à y étouffer ces guerres intestines qui, l'affaiblissant de jour en jour, devaient tôt ou tard en faire la proie de l'étranger; il maudissait l'ambition des papes, source incessante de divisions et d'invasions étrangères et il désirait voir Rome, cette antique maîtresse du monde, libre à l'intérieur, puissante et respectée au dehors.

Le moyen de n'être point injuste envers les hommes qui ont joué un grand rôle dans l'histoire de leur temps, c'est de ne jamais séparer leurs actes et leurs opinions des circonstances qui ont pu leur faire obstacle.

Le mal qui dévorait l'Italie avait pénétré si profondément que Dante avait été amené, comme Machiavel le fut plus tard, à cette douloureuse conclusion: qu'il fallait porter la destruction dans certaines parties avant de fonder le tout sur des bases solides.

Pour quiconque, en effet, a médité sur l'esprit de vertige qui poussait alors les peuples de l'Italie, et particulièrement les citoyens de Florence, à s'entredéchirer et à s'affaiblir mutuellement, il est de toute évidence qu'un remède violent était indispensable pour rétablir l'autorité des lois partout méconnue.

Seulement, on peut se demander avec raison si les empereurs, dépendant du choix de sept électeurs, en grande partie ecclésiastiques, soumis à l'investiture des papes, souvent retenus dans les provinces allemandes par les entreprises des grands vassaux et, ayant à lutter contre les républiques, la cour de Rome, et la puissance étrangère qui la soutenait, auraient pu accomplir une pareille mission, lors même qu'elle eût été le but de tous leurs efforts. Dante, doué d'un génie profond et pénétrant, comprenait sans doute toute l'étendue de ces difficultés, mais il n'avait pas le choix des moyens, et plein de confiance dans les secours du Très-Haut, il accueillait avec empressement le plus faible espoir de réussite. C'est ce qui lui dicta son livre *Della Monarchia*, et ce qui lui fait dire au chant 30e du Paradis, en parlant de Henri VII : « Cet empereur auguste viendra porter le « sceptre et les lois à l'Italie, avant qu'elle ne soit prête à « le recevoir. »

En 1312, la République florentine, effrayée des préparatifs de ce prince, rappela ses exilés afin de diminuer le nombre de ses ennemis. Dante et quelques Gibelins restèrent seuls soumis aux rigueurs du bannissement; de son côté l'empereur, après s'être fait couronner à Rome, vint mettre le siège devant Florence. Découragé après cinquante jours d'efforts inutiles, il résolut bientôt, de concert avec Frédéric, roi de Sicile, de tourner ses armes contre le royaume de Naples, et vit trancher ses jours à Buonconvento.

Après la mort de Clément V, ce pasteur sans foi, à qui l'histoire reproche le supplice des Templiers, et que Dante place parmi les damnés du 19e chant de l'Enfer, pour avoir transféré le siège pontifical à Avignon, la chaire de Saint-Pierre demeura vacante; cet interrègne, qui dura deux années, permit aux Gibelins de relever la tête. Dante et ses compagnons d'infortune avaient trouvé un puissant protecteur dans Cane della Scala, alors victorieux en Lombardie lorsqu'en 1316, la République florentine leur offrit une amnistie complète, à la condition qu'ils avoueraient publiquement les crimes qui leur étaient imputés; on alla même jusqu'à promettre au grand poète, flétri comme citoyen, les honneurs littéraires que lui avait mérités son génie.

La majeure partie des bannis, vaincus par les longues privations de l'exil, se soumit à ces conditions, quelque dures qu'elles fussent pour des hommes évidemment calomniés : Dante les repoussa avec indignation.

Se reconnaître coupable de rebellion eût été imprimer à son front une souillure que la plus belle couronne de poète n'aurait pu cacher à la postérité; il répondit donc à ceux qui le pressaient d'accepter :

« .... Ce n'est pas ainsi que je dois retourner dans ma
« patrie ; mais qu'une autre voie me soit ouverte, soit par
« vous, soit par d'autres, qui conserve intacts ma répu-
« tation et mon honneur, je ne tarderai pas à m'y préci-
« piter : que s'il n'est pas d'autre moyen de rentrer dans
« Florence, je n'y rentrerai jamais.

« .... Eh quoi ? a-t-on pensé que je me représenterais
« devant le peuple florentin, non seulement privé de
« gloire, mais encore couvert d'ignominie ? Après tout,
« on ne manque jamais de pain. Ne pourrai-je pas jouir
« partout de la vue du soleil et des astres ?

Les chefs du peuple répondirent à ce noble refus par un quatrième arrêt qui devait frapper le grand poète jusque dans sa cinquième génération.

Dès ce moment, Dante n'espéra plus que dans les victoires de Cane della Scala, ce lévrier que Virgile lui désigne au 1ᵉʳ chant de l'Enfer comme le sauveur de l'Italie, et qui, chassant de ville en ville le parti de Rome, devait délivrer le monde de cette louve insatiable.

Il est très probable que c'est à cette époque que Dante, puisant dans ses malheurs une nouvelle énergie, inséra dans son poème immortel, les pages dont la hardiesse nous étonne le plus aujourd'hui.

Dès lors, se proclamant plus hautement l'apôtre de la vérité, il oublia qu'il était condamné pour se faire à son tour l'accusateur de Florence et de Rome; et l'enfer peuplé de seigneurs puissants, de rois et de pontifes, rappela au monde les droits et les devoirs de tous, sanctionnés à tout jamais par la croix du Golgotha.

Le jeune Scaliger, alors tout-puissant parmi les Gibelins, était le seul, depuis la mort de Henri VII, qui pût tenter cette révolution politique et religieuse que le grand poète méditait pour son pays. Toutefois Dante, tout en l'exaltant à dessein, comme il a fait dans tout son poème, pouvait craindre qu'il ne fût pas à la hauteur d'une pareille mission et qu'il n'eût d'autre but que sa grandeur personnelle. On ne doit donc pas s'étonner si, dans la prévision d'un résultat que son expérience lui faisait redouter, il crut devoir quitter Vérone en 1316.

Il n'en restait pas moins associé par la pensée aux succès de son nouveau protecteur, seulement il se dégageait vis-à-vis de lui d'une sorte de soumission dont son génie indépendant avait peine à s'accommoder, et assurait à ses conseils une franchise et une énergie que sa position précaire à la cour d'un prince victorieux n'aurait pas toujours comportées ; de plus il se ménageait la possibilité de récuser toute communauté d'action avec le capitaine gibelin, du jour où l'ambition de celui-ci sortirait des voies où il désirait le retenir.

Cette interprétation, déduite du caractère connu et des tendances personnelles du héros et du poète, rendrait inutile cette rupture violente qu'aucun fait ne justifie et que les commentateurs n'ont imaginée que dans le but de trouver un motif à l'éloignement de l'Alighieri.

A cette époque, nulle cour n'était plus favorable aux lettres que celle des seigneurs de Ravenne. Guido Novello da Polenta, comme tous les princes de la Romagne, se trouvait obligé, dans l'intérêt de sa conservation, de se faire tour à tour Guelfe ou Gibelin. « *Mutando parte dalla state al verno.* » « Changeant de partis autant que de saisons » il n'avait donc aux yeux de Dante aucune valeur politique ; en retour, sa passion éclairée pour les arts libéraux assurait une noble et généreuse hospitalité à quiconque les cultivait. Le grand poète accepta donc avec empressement les offres qui lui furent faites par le seigneur de Ravenne, et vint se fixer définitivement à sa cour, qu'il avait probablement visitée une première fois vers l'année 1313.

Il y trouva cette tranquillité et ces attentions délicates qu'il n'avait pas toujours rencontrées jusque-là, et put y mettre à loisir la dernière main à son grand travail.

Les commentateurs se sont étonnés qu'en retour d'une

telle bienveillance, Dante n'ait pas consacré quelques vers de son poème à Guido da Polenta.

Mais cette fois encore, comme à l'égard de Brunetto Latini, l'accusation d'ingratitude nous semble peu fondée, surtout lorsque l'on considère l'importance que le poète attachait à chacune des paroles de son livre. Dante, s'y posant en restaurateur inspiré de la religion et de l'Empire, ne croyait pouvoir y admettre que de hautes vérités, propres à frapper et à corriger les esprits.

La Divine Comédie n'est en aucune de ses parties une œuvre de complaisance; c'est un immense tableau comme celui du Jugement dernier. Dante n'y classa pas les hommes de son temps d'après le bien ou le mal qu'il a pu en recevoir personnellement, mais d'après les titres qu'ils se sont acquis à la haine ou à l'admiration de la postérité. Dante lui-même, qui y joue continuellement un rôle obligé, ne se met jamais en relief, que revêtu, pour ainsi parler, de son caractère apostolique.

Or, aux yeux de la politique et de la religion, cette double face du poème qu'il ne faut jamais perdre de vue, le seigneur de Ravenne disparaissait probablement au milieu de cette foule, qui fait dire à Virgile au 3e chant de l'Enfer :

« Sur la terre, ils n'ont point laissé de souvenir; Ne m'en parle donc plus, regarde-les et passe. »

Il est plus étrange qu'on ait reproché à Dante de n'avoir rien dit de Gianna Donati, la mère de ses enfants. Il est constant en effet que ce mariage avait eu lieu en quelque sorte contre son gré, et sous la pression de ses parents et de ses amis, qui espéraient ainsi atténuer la douleur que lui causait la mort de Béatrice.

Et l'on sait que Dante, ne pouvant s'habituer au caractère difficile de sa femme, finit par s'en séparer, sans vouloir jamais consentir à un rapprochement.

Il n'en était pas de même de Françoise de Rimini, la fille de Guido da Polenta. La passion fatale des deux amants et le meurtre qui en fut la suite, avaient outragé la morale publique et appelé sur la tête des trois coupables la vengeance de Dieu.

Dante assigna donc aux amants incestueux et à l'époux meurtrier une place dans son Enfer; et ce fut peut-être de sa part le comble de la délicatesse et de la gratitude que d'avoir su répandre sur la fille de son bienfaiteur, condamnée par ses contemporains, ce voile de pudeur et de grâce qui l'a faite pour la postérité si intéressante et si belle[1].

Les diverses provinces de la Romagne étaient depuis de longues années revendiquées par les papes, à titre de donations impériales, d'où il suit que les petits princes qui s'en étaient emparés n'étaient maintenus dans la possession de ces provinces qu'à la charge de fournir les armes et les subsides réclamés par le Saint Siège.

En 1321, par suite de mésintelligences déjà anciennes, entre le pape et Guido da Polenta, celui-ci voyant Rome menaçante et ses États prêts à lui échapper, chargea Dante d'aller implorer le secours de la République véni-

---

[1] Voir ci-après l'argument qui précède la traduction du chant 15º.

tienne. Le mauvais succès de cette mission, joint aux fatigues de la route, porta le dernier coup au grand poète florentin qui, depuis 19 ans, supportait impatiemment les rigueurs de l'exil.

A son arrivée à Ravenne, il expira dans les bras de son hôte qui honora sa mémoire par de somptueuses funérailles.

Le 14 septembre 1321, l'Italie et le monde entier perdaient le plus profond génie qui ait illustré la république des lettres. La haine des papes le poursuivit jusque dans sa tombe. On excommunia son ombre, et le cardinal Pogretto osa même proposer de déterrer son cadavre et de jeter ses cendres au vent.

Fureur impuissante! il faut chercher aujourd'hui dans de poudreuses archives l'arrêt oublié de la cour de Rome, et Dante, célébré par les générations successives, revit tout entier dans sa Divine Comédie.

Indépendamment de la Divine Comédie Dante nous a laissé deux traités en latin *De Vulgari Eloquio* et *De Monarchia* et plusieurs ouvrages en langue vulgaire savoir: *La Vita nuova* et *Il Convito*.

La Vita nuova est un mélange de vers et de prose où le poète, ayant toujours en vue sa divine Béatrice, décrit ce qu'il y a de plus noble et de plus pur dans l'amour. Cet ouvrage, qu'on lit encore avec intérêt malgré l'obscurité qu'y répand parfois la philosophie de ce temps, est remarquable par une ampleur de style et une élévation ignorées jusque-là, tant par ses prédécesseurs que par ses contemporains.

La Vita nuova se termine par les paroles suivantes : « Une admirable vision m'apparut qui me décida à ne plus parler de cette Béatrice bénie jusqu'au moment où il me serait possible de le faire d'une façon plus digne d'elle . . . . et je dirai alors ce qui n'a jamais été dit d'aucune autre. » Ce passage prouve que si Dante n'avait pas encore mis la main à sa Divine Comédie, il en avait déjà au moins conçu le plan et qu'elle était l'objet de ses plus profondes méditations.

Dans le *Convito,* qui se compose également de vers et de prose, Dante se proposait de passer en revue toutes les connaissances de son époque. Cet ouvrage divisé en quatorze traités est resté inachevé.

CHAPITRE II

LA DIVINE COMÉDIE JUGÉE PAR LES CRITIQUES

DU XVIIIᵉ ET DU XIXᵉ SIÈCLE

On sait depuis longtemps en Italie et l'on commence à apprécier en France, ce qu'il a fallu à l'Alighieri de science et de génie pour faire sortir des éléments embryonnaires, que présentaient les dialectes barbares du treizième siècle, la langue si virile, si souple, si sublime de la Divine Comédie, et surtout pour conduire à son terme cette immense trilogie où la complexité des idées et la variété infinie des épisodes ne nuisent en rien à l'unité de l'ensemble. Elle offre à l'historien, au philosophe et au théologien des sujets profonds de méditation et au poète des modèles incomparables dans tous les genres. Pour tout exprimer, en un mot, Dante est à la fois l'Homère, l'Hésiode, le Pindare et le Juvénal de la poésie chrétienne.

Aussi s'étonne-t-on à bon droit du discrédit dans lequel il était tombé parmi nous, et du dédain avec lequel il est jugé par les critiques les plus éminents du XVIIIe siècle en France et même en Italie.

L'auteur de la *Henriade*, dans son essai sur la poésie épique, ne commence — ce sont ses expressions — à voir briller l'aurore du bon goût, qu'à l'apparition de l'*Italia liberata* du Trissin et, s'il accorde à Dante une place dans son *Dictionnaire philosophique*, c'est uniquement pour en tracer le portrait que voici:

« Voulez-vous connaître Dante? les Italiens l'appellent
« divin, mais ce n'est qu'une divinité cachée; peu de gens
« entendent ses oracles; il a des commentateurs, mais
« c'est peut-être une raison pour n'être pas compris. Sa
« réputation littéraire s'affermira toujours, parce qu'on ne
« le lit guère. On trouve chez lui une vingtaine de traits
« qu'on sait par cœur, cela suffit pour s'épargner la peine
« d'examiner le reste..... On trouve chez nous (au
« XVIIIe siècle) des gens qui *s'efforcent d'admirer des*
« *imaginations aussi stupidement extravagantes;* on a la
« brutalité de les comparer aux chefs-d'œuvre! »

Que l'on parcoure maintenant l'*Encyclopédie* de d'Alembert et de Diderot, ce dictionnaire raisonné de toutes les productions de l'esprit humain, et l'on n'y trouvera rien autre chose sur Dante que cette phrase médiocrement élogieuse, par laquelle se termine l'article *Épopée*:

« Le poète grec (Homère) souffrirait avec plaisir Milton
« et Klopstock à ses côtés, et Virgile ne mépriserait pas
« la compagnie du Tasse. L'un et l'autre *prêteraient quel-*
« *quefois* une oreille attentive aux chants du Dante et de

« l'Arioste, et admireraient plus d'un tableau dessiné de
« la main de Bodmer. »

Passons à une époque plus rapprochée de la nôtre.

La Harpe occupe la chaire du Lycée; historien critique de la littérature ancienne et moderne, il s'adresse à une génération dont les travaux appartiendront au xixe siècle. Parvenu à l'époque de la renaissance des lettres en Europe, il accorde à Dante et à Pétrarque la gloire d'avoir « produit, dans leur idiome naturel, des ouvrages qui « contribuèrent à le fixer, et que leur mérite a transmis « jusqu'à nous. » Puis il ajoute :

« L'un (Dante Alighieri) dans un poème, *d'ailleurs* « *monstrueux et rempli d'extravagance,* que la manie « paradoxale de notre siècle a pu seule justifier et préco- « niser, a répandu une foule de beautés de style et d'ex- « pression, et même quelques morceaux assez générale- « ment beaux pour être admirés par toutes les nations. »

Voilà tout ce que sait La Harpe sur Dante et la *Divine Comédie*; son auditoire ne doit pas en entendre davantage.

Cependant on a pu remarquer une différence notable entre la sentence de La Harpe et celle de Voltaire. Le dernier, dans sa défense du bon goût contre ce qu'il appelle des imaginations stupidement extravagantes, croit n'avoir à lutter que contre de rares admirateurs du poète florentin. La Harpe va plus loin; il accuse la manie paradoxale de son siècle; c'est qu'en effet une grande réaction se prépare. Les chefs-d'œuvre du moyen âge, dédaignés trop longtemps comme les premiers bégaiements de l'enfance, vont enfin reprendre leur place à côté des chefs-d'œuvre du grand siècle.

Sans doute, cette réaction aura comme toujours ses fanatiques qui, pour mieux célébrer la restauration des premiers, s'efforceront de traîner les seconds aux gémonies. Mais un temps viendra bientôt — et il est déjà venu — où l'on reconnaîtra que toutes les gloires sont également respectables, et que si les écrivains du XVIIe siècle ont trop servilement imité les écrits de la Grèce et de Rome, Dante lui-même était fier d'avoir Virgile et pour guide et pour maître.

L'orthodoxie classique et l'intolérance romantique ont fait place aujourd'hui à une sorte d'éclectisme esthétique qui profite à tous, parce qu'il garantit à tous, sinon plus de partisans, du moins plus de juges impartiaux.

Aussi, pour en revenir à la *Divine Comédie*, l'admiration calme et raisonnée qu'elle inspire aux esprits les plus élevés de notre époque peut-elle être considérée comme le jugement définitif de la postérité.

Nos plus grands poètes, nos plus savants linguistes, nos prosateurs les plus éloquents protestent à l'envi, par leurs applaudissements, contre la critique étroite et injurieuse des écrivains du XVIIIe siècle.

Qu'on me permette de détacher de ce concert de louanges le passage suivant de l'*Esquisse d'une philosophie* par Lamennais :

« La poésie de Dante, sobre de mots, concise, ner-
« veuse, rapide, et cependant d'une prodigieuse richesse,
« se transforme trois fois pour peindre les trois mondes

« auxquels aboutit, selon la foi chrétienne, celui qu'ha-
« bite l'homme pendant sa vie présente. Sombre et ter-
« rible lorsqu'elle décrit le royaume ténébreux, la cité du
« peuple perdu et de l'éternelle douleur, elle s'empreint
« aux lieux où s'expient les peines légères d'une tristesse
« douce et pieuse, et semble, en ces régions sans astres,
« refléter les lueurs molles d'un jour à demi éteint ; puis
« tout à coup s'élevant de ciel en ciel, traversant les
« orbites des soleils innombrables, elle se revêt d'une
« splendeur toujours plus éclatante, s'embrase d'une
« ardeur toujours plus pure, jusqu'à ce qu'elle se perde,
« par delà les dernières limites de l'espace, dans la lumière
« essentielle elle-même et l'amour incréé.

« Mais en incarnant dans sa sublime poésie ces mondes
« invisibles, Dante y sut rattacher les événements réels
« et les passions des hommes. Il les peignit à larges traits
« et souvent d'un mot, d'un de ces mots puissants qui
« retentissent dans les abîmes du cœur et en réveillent
« tous les échos... et lorsque, plein de ses pensées pro-
« fondes, emporté par l'orage qui gronde au dedans de
« lui, on le croirait entièrement séparé de la nature, voilà
« que soudain, l'embrassant d'un regard, il en reproduit
« avec sa parole flexible et brève, riche de reliefs et de
« couleurs, les plus ravissants aspects, les plus délicates
« nuances, les accidents les plus fugitifs. »

Le XVIIIe siècle, qui, sous d'autres points de vue,
a détruit tant d'erreurs et semé tant de vérités fécondes,
ne comprenait point encore que la poésie, elle aussi, a
besoin d'indépendance et d'originalité ; il ne croyait pas

qu'il pût exister un poème vraiment digne de ce nom en dehors de l'imitation de la Grèce et de Rome. Pour lui le moyen âge était une sorte de chaos intellectuel, où brillaient par intervalles quelques éclairs, mais où rien n'était ordonné, où la lumière du bon goût faisait entièrement défaut. Aussi — comme il le déclare lui-même par la bouche de Voltaire — ne lisait-il guère la *Divine Comédie*. Il en connaissait à peine quelques épisodes dramatiques et croyait le reste justement enseveli dans la poudre des bibliothèques.

Voltaire, les encyclopédistes et La Harpe lui-même oubliaient que la poésie, douée d'une merveilleuse puissance d'intuition, a devancé dans tous les temps les autres manifestations de la pensée, et que la société hellénique naissait à peine lorsqu'elle nous a laissé cette *Iliade* qui, après trois mille ans, comme l'a si bien dit Chénier :

« Est jeune encor de gloire et d'immortalité. »

Trop impatient de l'avenir, trop irrité des obstacles que lui opposaient les croyances du passé, le XVIIIe siècle n'aurait pu d'ailleurs méditer à loisir et juger de sang-froid une œuvre qui admettait tous les mystères de la religion révélée.

A la critique superficielle de Voltaire, nous avons déjà opposé l'admiration raisonnée de Lamennais.

Ouvrons maintenant les dictionnaires encyclopédiques du XIXe siècle, et nous y trouverons le nom de Dante, non plus compris comme à regret et en troisième ordre dans une courte phrase de l'article Épopée, mais occupant dans une étude spéciale et approfondie la place due à son génie.

On en jugera par l'extrait suivant de l'*Encyclopédie du XIXe siècle* :

« Ce qui fait la grandeur de ce poème, dit M. Philarète
« Chasles, c'est que Dante a su y fondre tous les éléments
« dont se composait l'état politique, religieux et moral de
« l'Italie.

« ... Ouvrant aux regards de ses contemporains son
« immense et triple scène, il y a jeté l'histoire entière de
« son époque : littérature, sciences, coutumes, théologie,
« astronomie, personnages connus, criminels ou héros ;
« aucune des passions humaines n'est oubliée par lui....
« Il lui suffit d'un mot pour achever l'analyse, d'un trait
« pour peindre un homme, d'une couleur pour appeler un
« fait. Le sublime chez Dante illumine comme l'éclair. Ce
« don mystérieux, cette puissance qui concentre en un
« seul foyer beaucoup de sentiments, d'idées, d'images,
« de souvenirs et de siècles entiers — c'est le génie. »

C'est à une femme, à Mme Amable Tastu, que le *Dictionnaire de la conversation et de la lecture* a confié le soin de faire connaître Dante à ses lecteurs. Le passage suivant prouve jusqu'à l'évidence qu'il n'est pas nécessaire d'être un profond théologien, mais qu'il suffit d'être né poète pour sentir soi-même et faire sentir aux autres les sublimes beautés de la *Divine Comédie :*

« Il est des noms qu'on ne peut prononcer sans réveil-
« ler tout un siècle, tel est celui de Dante Alighieri. Cette

« grande et majestueuse figure se dresse, pour ainsi dire,
« sur les confins de la poésie antique et de la poésie mo-
« derne, et y scelle de ses mains l'anneau brillant et
« indestructible qui les unit l'une à l'autre : la *Divine*
« *Comédie*. Homme aux passions gigantesques qui trou-
« vait que l'enfer n'était pas trop pour les objets de sa
« haine et le paradis pour ceux de son amour ; génie
« puissant qui créait à la fois une poésie et une langue et
« pouvait soumettre, sans l'affaiblir, sa chaleureuse ins-
« piration à la patiente et subtile analyse du grammai-
« rien ; poète, savant, philosophe, artiste, théologien,
« politique, vivant à la fois de la vie active et de la vie
« contemplative, Dante n'est pas de ceux qu'on puisse
« connaître par quelques faits ou quelques dates. Il était
« né à Florence en 1265. Qu'importent cette année et
« cette ville ? N'est-il pas de tous les temps et de tous les
« pays ? »

Depuis 1830, les professeurs les plus éminents de la Faculté des lettres de Paris, MM. Villemain, Fauriel, Lenormand et Edgard Quinet, ont pris successivement pour sujet de leurs cours Dante et la *Divine Comédie*, et chaque fois l'affluence et l'attention soutenue des auditeurs ont prouvé que la jeunesse, en France, s'associe à cette résurrection glorieuse d'un chef-d'œuvre longtemps méconnu et dont l'étude, féconde pour l'historien, peut servir encore à enrichir et à rajeunir notre propre poésie.

Certes, il y a loin des paroles suivantes, prononcées par M. Villemain, au jugement si étrange que La Harpe jetait en passant à ses auditeurs du Lycée :

« On ne saurait assez admirer la fécondité de Dante....
« Mais comment faire sentir la grâce de cette expression,
« tantôt familière, terrestre, et tantôt idéale ?.... Dans le
« hardi mythologue du christianisme, dans cette imagina-
« tion qui a créé tout un monde d'anges, vous voyez le
« chrétien naïf, le simple fidèle. Il est enfant soumis de
« l'Église, quoiqu'il ait flétri les papes avec hardiesse.
« C'est ce contraste d'une audace de génie qui semble
« devancer la réforme et d'une foi respectueuse et vive,
« d'une imagination qui invente au delà du christianisme
« et d'une lucidité laïque, qui règne partout dans les ma-
« gnifiques créations de Dante et forme la réunion si
« extraordinaire de la naïveté et de l'idéal mystique. C'est
« dans ce mélange de sentiments si divers, d'inspirations
« si opposées, que s'est formé *le plus grand poète du
« moyen âge, ce poète dont les vers sublimes et naturels ne
« s'oublieront jamais, tant que la langue italienne sera con-
« servée et que la poésie sera chérie dans le monde*[1] ».

Le cours de M. Villemain, depuis longtemps publié, est tellement répandu aujourd'hui que toute analyse est devenue superflue. Quant aux leçons de M. Fauriel, longtemps manuscrites, elles ont été recueillies et mises en ordre par M. Jules Mohl, et ont paru sous ce titre : *Dante et les origines de la langue et de la littérature italiennes.*

Ce qui peut-être excuse, sans les justifier pleinement, les critiques du XVIIIe siècle, c'est l'exemple que

---

[1] Cours de littérature du moyen âge en France, en Italie, en Espagne et en Angleterre (12e leçon).

leur donnaient les Italiens eux-mêmes. On sait notamment avec quelle amertume Bettinelli, dans des lettres d'ailleurs spirituelles, faisait relever par le chantre de l'*Énéide* ce qu'il appelait le goût détestable et les monstruosités de l'Alighieri. Plus tard, Alfieri déplorait la rareté toujours plus grande des éditions de la *Divine Comédie*, et Monti se voyait reprocher par son père, comme mal employé, le temps qu'il consacrait à la lecture de ce poème!

Ce qui peut encore leur servir d'excuse, c'est l'ignorance des traducteurs contemporains, véritables *traditori*, qui travestissaient tout ce qu'ils croyaient comprendre et passaient sous silence tout ce qui leur paraissait inintelligible [1].

De nos jours, au contraire, les traductions en prose et en vers abondent et si elles n'atteignent pas la sublimité de l'original, presque toutes du moins accusent des études sérieuses et suffisent pour faire soupçonner les beautés qu'elles n'ont pas su rendre.

Puisse l'erreur dans laquelle est tombé le XVIIIe siècle servir d'enseignement à l'avenir! Puissions-nous toujours réunir dans notre admiration, comme ils sont réunis dans nos bibliothèques, les beaux génies de tous les temps et de tous les pays, qu'ils s'appellent Sophocle ou Shakespeare, Homère ou l'Alighieri, Racine ou Victor Hugo!

---

[1] Voir sur ce point dans la revue des Deux Mondes, année 1840, l'article ayant pour titre : « Les anciens traducteurs de Dante. »

SONNET SUR BÉATRICE

La dame qui m'inspire est si pure et si belle
Que, se troublant soudain, le plus audacieux
Sent les mots expirer sur sa lèvre rebelle
Et, brûlant de la voir, n'ose lever les yeux.

La foule qui s'arrête, en passant auprès d'elle
Admire son maintien modeste et gracieux,
Et croit voir apparaître une vierge immortelle
Tout éclatante encor de la splendeur des cieux.

Son regard caressant doucement vous attire
Et laisse au fond du cœur un si charmant délire,
Qu'il faut l'avoir senti, pour se le figurer.

Au milieu des parfums que sa lèvre respire
Un sourire enivrant se joue et semble dire :
Vous résistez en vain, il vous faut soupirer.

CHANT TROISIÈME

(ENTRÉE AUX ENFERS)

C'est par moi que l'on va dans la cité cruelle,
C'est par moi qu'on connaît l'éternelle douleur,
C'est par moi que l'on voit la race criminelle.

La justice inspira mon divin fondateur ;
La sublime raison, la suprême puissance
Et l'amour infini, tel fut mon triple auteur.

Rien, s'il n'est éternel, ne reçut l'existence
Avant moi ; dans le temps je dois toujours durer.
O vous qui pénétrez, laissez toute espérance.

Ces paroles qu'à peine on pouvait déchiffrer,
Je les lus au sommet d'une porte : « O mon maître,
Criai-je, que leur sens est dur à pénétrer ! »

« Songe à bien étouffer toute peur prête à naître, »
Me répondit Virgile avec autorité,
« Ici la lâcheté ne doit jamais paraître.

CHANT TROISIÈME

Nous voici parvenus dans ce lieu redouté.
Où tu dois voir enfin cette race si vaine,
Qui de l'intelligence a perdu la clarté. »

Puis, saisissant ma main, doucement il m'entraîne,
En rassurant mon cœur de son divin regard,
Et me fait traverser la voûte souterraine.

De si profonds soupirs montent de toute part
Dans l'air qu'ont obscurci les ombres éternelles,
Que pour pleurer aussi, je me tins à l'écart.

Un langage confus, des rumeurs criminelles,
Les pleurs des affligés, la rage des pervers,
Et le fracas des mains qui se choquaient entr'elles,

Confondant sans repos leurs lugubres concerts,
Montaient, tourbillonnaient, ainsi que fait le sable
Quand le brûlant Simoun sillonne les déserts.

Aussi tout étourdi de ce bruit effroyable,
Je dis : — Maître, apprends-moi d'où vient ce que j'entends,
Et ce qui trouble ainsi ce peuple misérable ?

Et lui : Tu vois ici ces esprits inconstants
Qui, promenant sans but leur vague indifférence
Loin du bien et du mal, laissent marcher le temps.

Dieu rejette avec eux, bien loin de sa présence,
Ces anges qui, toujours au plaisir entraînés,
N'ont jamais combattu ni servi sa puissance.

Ils sont bannis des cieux qu'ils auraient profanés
Et l'enfer les retient au seuil de son empire,
Pour ne point amoindrir la honte des damnés. »

— « Maître, repris-je alors, ne saurais-tu me dire
D'où provient leur douleur, qu'ils se plaignent si fort? »
— « Un mot, répondit-il, t'apprendra leur martyre...

Ils n'ont plus désormais à compter sur la mort,
Et leur sombre existence est si nulle et si basse,
Qu'ils voudraient à tout prix pouvoir changer de sort.

Méprisés par Satan, non moins que par la Grâce,
Sur la terre ils n'ont point laissé de souvenir;.
Ne m'en parle donc plus, regarde-les et passe. »

Du fond de l'horizon, je vis alors venir
Un drapeau tournoyant qui fuyait si rapide
Que son vol paraissait ne devoir plus finir.

Derrière ce drapeau, qui leur servait de guide,
Se pressaient tant d'esprits qu'on ne peut concevoir
Qu'il en ait tant passé sous la faux homicide.

Quand ils furent plus près, je crus apercevoir
Ce pontife impuissant qui, devant Boniface,
S'enfuit et lâchement abdiqua le pouvoir.

Je fus dès lors certain que c'était bien la race
Des réprouvés de Dieu, qui, leur temps accompli,
Même auprès de Satan ne peuvent trouver place.

Ce vil troupeau, plongé dans un profond oubli,
S'agitait sans espoir, pour éviter la rage
Des guêpes et des taons, dont l'air était rempli.

Les larmes et le sang qui baignaient leur visage
Servaient de proie aux vers qui, sans cesse amassés,
Sur leurs membres flétris, s'en gorgeaient au passage.

Puis regardant plus loin, quand ils furent passés,
J'aperçus sur les bords d'un fleuve large et sombre
Des légions d'esprits —: « Quels sont ces trépassés? »

M'écriai-je aussitôt ; « d'où vient qu'en si grand nombre
Ils implorent celui qui tient un aviron,
Si mes regards troublés distinguent bien dans l'ombre? »

Virgile répondit —: « Cet homme, c'est Caron,
Mais tu sauras plus tard d'où vient cette affluence,
Quand nous pourrons enfin côtoyer l'Achéron. » —

Dès lors, mettant un frein à mon impatience,
L'œil baissé, près de lui je me mis à marcher,
Et je sus jusqu'au bout respecter son silence.

Enfin nous arrivons, et je vois un nocher,
Tout blanchi par les ans, qui soudain interpelle
Par ces mots menaçants ceux qu'il voit approcher :

— « Malheur, Malheur à vous ! votre âme criminelle
Ne verra pas le ciel, je conduis sans retour
Aux flammes, à la glace, à la nuit éternelle.

Et toi qui vis encor, me dit-il à mon tour,
Que fais-tu chez les morts? fuis loin de cette plage. »
Me voyant immobile, il reprend: « Quelque jour

Il te faudra partir pour un autre voyage.
Mais Caron ne doit pas te servir de nocher;
Un esquif plus léger doit t'ouvrir un passage. »

Virgile répondit: « Cesse de te fâcher,
Ainsi le veut Celui par qui tout se décide;
Sans ajouter un mot, laisse-nous approcher. »

Je vis, au dernier mot que prononça mon guide,
S'apaiser le nocher dont les regards ardents
Brillent seuls chaque jour sur ce marais livide.

Mais tous les réprouvés, nus et jouets des vents,
Et dont sa voix cruelle augmentait la souffrance,
Les yeux baignés de pleurs, faisaient grincer leurs dents.

Puis ils blasphémaient Dieu, ses œuvres, sa puissance,
Et leur père et leur mère, et les lieux et les temps,
Et le germe fécond dont provint leur naissance.

Puis enfin je les vis, sombres et repentants,
Se presser sur la rive, où la sainte colère
Attend ceux que la mort moissonne impénitents.

Caron, l'œil embrasé, dédaignant leur prière,
Les reçoit à son bord, et de son aviron
Excite ceux qu'il voit demeurer en arrière.

Tel, par un temps d'automne, on voit un bois flétri
Sous le vent destructeur dépouillé feuille à feuille,
Jusqu'à ce que la terre ait son dernier débri,

Tels sur le sombre esquif, où Caron les recueille,
On voit âme par âme arriver les damnés
Que la rive opposée incessamment accueille.

Avant qu'un bataillon de ces infortunés
Ait traversé le fleuve, un autre vient s'étendre
Sur le bord ténébreux qui les tient enchaînés.

Mon maître alors me dit : — « Mon fils, tu dois comprendre
Que tous ceux que le ciel exclut de son giron
De tous les points du globe, ici viennent attendre.

S'ils se hâtent si fort de passer l'Achéron,
C'est qu'au fond de leur cœur la justice éternelle
Sans cesse les poursuit et leur sert d'éperon.

Tu sais enfin, mon fils, que nul esprit fidèle
N'est reçu par Caron; vois donc quel avenir
Son refus obstiné désormais te révèle. »

A peine il se taisait, que je vis survenir
Des vents, qui se heurtaient avec tant d'inclémence,
Que mon front se hérisse à leur seul souvenir.

Puis la terre vomit une vapeur intense
Que chassa jusqu'à moi l'ouragan furieux,
Et soudain je tombai privé de connaissance,
Comme si le sommeil eût enchaîné mes yeux.

CHANT CINQUIÈME

(FRANÇOISE DE RIMINI)

J'avais du premier cercle accompli le voyage;
J'entrai dans le second où, plus vif, le tourment
Dans des bords plus étroits fait crier davantage.

Ici siège Minos, il grince horriblement
Les dents à chaque entrée et, selon la souillure,
Il prononce aussitôt le juste châtiment.

Je dis : Quand devant lui se montre l'âme impure,
Il lui fait aussitôt confesser tous ses torts
Et, mesurant au mal sa juste flétrissure,

De son énorme queue il s'entoure le corps
Autant de fois qu'il veut marquer à la victime
De degrés à franchir dans l'empire des morts.

Sans s'épuiser jamais, la milice du crime
Assiège les abords du sombre tribunal;
Ils parlent, sont jugés, et plongés dans l'abîme.

— « Toi que je vois errer dans le séjour du mal, »
Me dit-il, suspendant son cruel ministère,
« Crains de t'aventurer dans ce gouffre fatal ;

Réfléchis au moyen de regagner la terre ;
En vain la porte est large, il y faut revenir. »
Virgile répondit : — « Minos, sache te taire :

Laisse notre voyage à son but aboutir ;
Ainsi le veut Celui qui peut tout entreprendre,
Ne nous parle donc plus et laisse-nous partir » —

Nous marchons, et soudain des cris se font entendre,
Dans le séjour des pleurs nous sommes arrivés,
Et d'un trouble profond je ne puis me défendre.

Et ces lieux, de lumière incessamment privés,
Grondent comme la mer alors que la tempête
Fatigue les écueils de ses flots soulevés.

L'ouragan infernal qui jamais ne s'arrête,
Entraîne dans sa course et meurtrit les damnés,
En les faisant rouler de la base à la crête.

Dès qu'aux sommets abrupts leurs corps sont ramenés,
Ils font grincer leurs dents, poussent des cris de rage,
Et blasphèment le Dieu qui les a condamnés.

Je compris aussitôt que tel est le partage
De ces infortunés esclaves de leurs sens,
Qui quittent la raison pour le libertinage.

Telle on voit en hiver voler dans tous les sens
Des nombreux étourneaux la phalange rapide
Tels plongés, ramenés dans les airs tournoyants,

Les damnés se pressaient dans le gouffre livide,
Sans pouvoir espérer le moindre allègement
Ni le moindre repos sous le vent qui les guide.

Ainsi qu'on voit la grue en long rassemblement
Remplir l'air de ses cris, les âmes criminelles
Passaient en l'attristant de leur gémissement.

— « Maître, dis-je aussitôt, ces âmes, qui sont-elles ?
D'où vient que je les vois dans cet air ténébreux
Subir incessamment des peines si cruelles ? »

— « Celle qui vient d'abord eut un empire heureux, »
Me répondit Virgile, « et vit sous sa puissance
Des langages divers et des peuples nombreux ;

Elle était si portée à la concupiscence,
Que ses lois, pour sauver son honneur compromis,
Laissèrent à l'amour une entière licence ;

Tu la connais, ce fut cette Sémiramis
Qui ravit à Ninus la pourpre impériale ;
Le Turc règne aujourd'hui sur ses peuples soumis.

Cette autre, c'est Didon, la veuve déloyale,
Qu'un bûcher délivra d'un amour malheureux ;
Puis voici Cléopâtre à la beauté fatale. »

Je vis en outre Hélène, à qui des murs fameux
Durent tous leurs malheurs, puis le bouillant Achille,
Qui périt sans honneur, victime de ses feux.

Puis Pâris et Tristan.... j'en comptai plus de mille,
Qu'il me montra du doigt et qui tous du désir
Avaient suivi longtemps la pente trop facile.

Quand mon maître divin eut décrit à loisir
Tous ces preux chevaliers et ces dames galantes,
Une vive pitié soudain vint me saisir.

— « Je voudrais bien parler à ces ombres charmantes
Qu'un même vol unit et plus légèrement, »
Dis-je, « semble porter au plus fort des tourmentes. »

— « Tu les verras passer ici dans un moment,
Répondit-il, sitôt qu'elles pourront t'entendre,
Invoque cet amour qui cause leur tourment,

Et soudain à tes vœux elles vont condescendre... »
J'obéis, et sitôt que je les vis venir,
Je leur criai: « Si nul ne songe à le défendre,

Racontez-nous pourquoi je vous vois tant souffrir. » —
Telles au sein de l'air on voit deux tourterelles
Brûlant des mêmes feux et du même désir

Voler vers leur doux nid en agitant leurs ailes,
Telles, tournant vers nous leur regard languissant,
Je les vis déserter leurs compagnes fidèles;

Puis s'adressant à moi : « Mortel compatissant,
Qui viens nous visiter dans cette enceinte immonde,
Nous, dont l'amour fatal fit verser tant de sang,

Si nous pouvions fléchir le maître de ce monde,
Nous prierions qu'il t'assure un heureux avenir,
Puisque ton cœur comprend notre douleur profonde :

Parle, interroge-nous, et selon ton désir
Nous saurons écouter et parler davantage,
Tant que le vent cruel s'abstiendra de mugir.

La terre où je suis née avoisine la plage
Où le Pô de la mer atteint la profondeur,
Avec les affluents qui troublent son passage.

L'amour qui vient si vite éprit ce noble cœur
Du beau corps qu'on m'a pris, et le mode lui-même
Dont on me l'a ravi me fait encore horreur,

L'amour, que ne peut fuir la personne qu'on aime,
En moi pour celui-ci fit naître un tel transport
Qu'il ne me quitte pas dans ma douleur extrême.

L'amour fatalement nous fit un même sort,
Mais le cercle où Caïn pousse des cris de rage
Attend le forcené qui nous donna la mort. »

Elles dirent, et moi, touché de leur langage,
Je tins le front si bas que Virgile me dit :
— « Parle, quel noir souci trouble ainsi ton visage ? »

Et moi, restant encor quelque temps interdit:
— « Combien de doux pensers, quelle charmante ivresse
Les ont conduits tous deux dans ce cercle maudit? »

Puis j'ajoutai, tournant mes yeux pleins de tristesse
Vers ces infortunés: « Tu vois quels déplaisirs,
Francesca, m'a causés cette horrible détresse.

Apprends-moi donc comment, au temps des doux soupirs,
L'amour qui vous guidait s'y prit pour vous instruire
De votre doux accord, de vos tendres désirs? »

Francesca répondit: — « Il n'est pas de martyre
Plus grand que de parler de son bonheur passé
Quand on est malheureux, Virgile peut le dire.

Mais puisque mon récit, à peine commencé,
T'inspire un tel désir d'en savoir davantage,
En dépit de mes pleurs, tu seras exaucé.

Seuls, un jour nous lisions, l'œil sur la même page
Comment Lancilloto fut vaincu par l'amour;
Nous étions sans soupçon; plusieurs fois ce passage

Nous fit baisser les yeux et rougir tour à tour.
Mais hélas! un seul trait nous perdit sans retour:
Lorsqu'enfin tous les deux nous fûmes en présence

De ces amants unis par un si doux baiser,
La lèvre de celui qui m'écoute en silence
Sur la mienne en tremblant soudain vint se poser.

De ce moment fatal, nous cessâmes de lire....
Honte au livre, à l'auteur qu'il faut seuls accuser! »

Tandis que Francesca nous peignait son délire,
L'autre nous laissait voir de si cruels remords,
Qu'éprouvant une horreur impossible à décrire

Sans force je tombai comme tombent les morts.

CHANT DIX-NEUVIÈME

LES SIMONIAQUES

O! Simon l'imposteur, ô! pasteurs méprisables
Qui sur la Sainte Église élevés tour à tour,
Avez prostitué pour des biens périssables

Cette épouse que Dieu bénit de son amour;
Il est temps que pour vous le clairon retentisse,
Car c'est ici le lieu qui vous est destiné!

Nous étions parvenus au troisième orifice
En gravissant le roc dont il est dominé,
Et qui s'avance au loin, comme un pont sur l'abîme.

O! suprême sagesse, ici-bas, dans les cieux,
Et jusque dans l'enfer que ton art est sublime!
Oh! combien ta justice est parfaite en tous lieux!

J'aperçus sous mes pieds une sombre avenue
Que des cercles profonds bordaient de tous côtés;
Ces trous égaux entr'eux rappelaient à ma vue

Ceux que montrent les fonts aux quatre extrémités
Dans mon San Giovanni, le divin baptistère,
Et dont j'ai brisé l'un, par un effort heureux,

Pour sauver un enfant qui s'y noyait naguère [1].
Que ceci soit le sceau qui dessille les yeux !
Dans chacun de ces puits plongeaient les misérables ;

Leurs pieds, seuls apparents, s'agitaient au dehors
Au contact incessant de feux inévitables,
Et leurs muscles tordus faisaient de tels efforts

Qu'aucun lien mortel n'eût dompté leur puissance.
Tel le feu, s'attaquant à des corps onctueux,
S'enflamme à leur surface et dans l'air se balance,

Tel, des doigts au talon, il s'élançait sur eux.
— « Maître, quel est celui dont la voix plus plaintive
Accuse, m'écriai-je, un tourment plus affreux,

Là-bas... dans cet endroit où la flamme est plus vive? »
— Virgile répondit : « Descendons tous les deux
Et, quand nous foulerons cette plaine livide,

Lui-même il te dira sa vie et sa douleur. »
— Et moi : « Ta volonté fut toujours mon seul guide,
Marchons donc en avant, car au fond de mon cœur,

---

[1] Dante avait été accusé de profanation, ce dont il se justifie dans ce passage.

CHANT DIX-NEUVIÈME

Ton regard pénétrant lit déjà ma pensée. » —
Déjà nous avancions sur le gouffre suivant...
Prenant à notre gauche une route abaissée,

Nous parvînmes enfin au crible étincelant.
Mon maître cependant, plein de sollicitude,
Voulut me retenir sur son sein paternel

Jusqu'au cercle où plongeait celui dont l'attitude
Révélait à mes yeux un tourment si cruel.
— « Qui que tu sois, criai-je, ô toi qui, tête basse,

Plonges ainsi qu'un pal dans le sol éternel,
Dis-moi, si tu le peux, d'où naquit ta disgrâce ? » —
Je ressemblais alors au moine confesseur

Que rappelle éperdu, pour prolonger sa vie,
Le perfide assassin, aux mains du fossoyeur.
— « Serait-ce déjà toi ? répondit l'âme impie,

Boniface, est-ce toi qui parais sur ces bords ?
L'horoscope a menti de trois fois une année.
Es-tu rassasié sitôt de ces trésors,

Par lesquels tu conquis l'Église profanée
Que tu devais après ravager sans pudeur ? »
Et comme ceux qu'on voit se taire et se morfondre,

Quand ils n'ont pas compris leur interlocuteur,
Je demeurai sans voix, ne sachant que répondre.
Virgile alors me dit : « Réponds : ce n'est pas moi,

Je ne suis pas celui qui cause ton attente. »
J'exécutai son ordre et, dans un sombre effroi,
L'esprit tordit ses pieds dans la flamme incessante,

Puis bientôt, au milieu des soupirs et des pleurs,
Il reprit : « Qu'attends-tu d'une âme misérable ?
Si tu viens attiré jusqu'en ces profondeurs

Par le triste récit du tourment qui m'accable,
Apprends que j'ai paru sous le manteau sacré
Et que pour mes oursins, vrai descendant de l'ourse,

J'étais de l'or d'autrui tellement altéré,
Que mon âme à son tour gît au fond d'une bourse.
Au-dessous de ma tête il est d'autres damnés »

Qui, flétris avant moi pour faits de simonie,
Dans ce puits douloureux se sont échelonnés ;
Je plongerai plus bas dans la pierre infinie

Lorsque viendra cette âme à qui, dans mon erreur,
J'adressais le discours que tu n'as pu comprendre ;
Mais mes pieds ont déjà supporté la chaleur

Plus de temps qu'à son tour elle n'en doit attendre,
Agitant dans les airs ses sandales de feu ;
Car plus tard, expiant des œuvres plus infâmes,

Descendra du couchant un ministre de Dieu
Digne par ses forfaits de couvrir nos deux âmes ;
Semblable à ce Jason que le livre sacré

Nous montre, captivant les grâces de son maître,
Ainsi du roi de France il doit être honoré. » —
Il avait dit, et moi, trop imprudent peut-être,

Par ces mots incisifs j'irritai sa douleur:
— « Successeur de saint Pierre, oseras-tu nous dire
Quel trésor exigea le divin Rédempteur

Pour remettre en ses mains les clefs de son empire?
Que lui dit-il alors, sinon : Pierre, suis-moi?
Et lorsque Matthias pour prêcher l'évangile

Vint remplacer Judas, le disciple sans foi,
Avait-il à prix d'or acheté le concile?
Et pour tous ces abus si justement puni,

Garde bien la richesse impie et mal acquise
Qui te fit contre Charles et les siens si hardi.
Crois-moi, si mon respect pour les clefs de l'Église

Dont tu fus possesseur dans un temps plus heureux,
N'imposait pas un frein à ma juste franchise,
J'userais envers toi de mots plus rigoureux.

Que de fois, en effet, votre infâme avarice
Attrista l'univers et, foulant sans pudeur
La vertu méprisée, encouragea le vice!

C'est bien vous que saint Jean signale avec horreur,
Quand sa plume dépeint cette femme impudique
Qui, sur les grandes eaux, se prostitue aux rois.

Sept têtes à jamais couvrent son corps mystique
Et le monde lui vit dix cornes à la fois,
Tant qu'aux lois du Seigneur son époux fut fidèle.

Insensés ! Qui, servant un Dieu d'or et d'argent,
Condamnez sans pitié l'idolâtre rebelle :
Il adore une idole et vous en avez cent !

De quels maux, Constantin, tu préservais l'Église,
Si, justement heureux de lui donner ta foi,
Tu n'avais dans son sein semé la convoitise

Avec cet or fatal qu'elle reçut de toi ! » —
Tandis que je parlais, le pasteur infidèle,
Déchiré par la rage ou par le repentir,

Tordait ses pieds meurtris sur la fosse cruelle,
Et Virgile, écoutant ma voix avec plaisir,
Applaudissait de l'œil aux vérités amères

Que l'impie arrachait à mon cœur indigné.
Puis enfin, m'entourant de son bras tutélaire,
Il partit, et bientôt nous eûmes regagné

Les lieux d'où nous planions sur ces champs de misère.
Dans ce nouveau trajet, mon guide généreux
Voulut me retenir dans une douce étreinte

Jusqu'au point dominant de ce pont douloureux
Qui joint la quatrième à la cinquième enceinte ;
C'est là qu'il déposa son fardeau précieux,

Et des sombres hauteurs de cette roche ardue,
Qui serait pour la chèvre un chemin périlleux,
Sur un autre vallon il dirigea ma vue.

CHANT TRENTE-DEUXIÈME

(UGOLIN)

Si je pouvais trouver des rimes assez sombres
Pour peindre dignement le gouffre ténébreux
Que couvre tout entier le noir séjour des ombres,

Le flot de mes pensers courrait impétueux ;
Mais puisqu'à cet égard tout effort est stérile,
Ce n'est pas sans trembler que je marche en avant ;

Ce n'est pas en effet une œuvre si facile
Et que puisse tenter la langue d'un enfant,
Que de chanter les lieux où finit notre monde.

Puissent donc les neuf sœurs qui guidaient Amphion,
Lorsque Thèbes surgit sous sa lyre féconde,
Égaler mon récit à mon ambition !

O! vous, race maudite entre les races d'hommes !
Vous, que recèle un lieu qu'on nomme en frissonnant,
Mieux eût valu pour vous dans l'enceinte où nous sommes

N'être, hélas! à jamais qu'un troupeau ruminant! —
Quand nous eûmes atteint le fond du puits immonde
Que dominait Antée, et bien loin sous ses pas,

J'en contemplais encor la muraille profonde,
Quand j'entendis soudain: « Par pitié, ne va pas
Fouler nos fronts meurtris dans ta marche cruelle! »

A ces mots imprévus, j'abaissai mes regards,
Et je vis un grand lac qu'une glace éternelle
De son cristal épais couvrait de toutes parts.

Jamais, pendant l'hiver, cachant leur cours rapide
Le Danube, le Don ou le sombre Volga
N'ont revêtu leurs eaux d'un voile si solide,

Aussi le Tabernicle et le Pietrapana
Ne l'ébranleraient pas sous leur masse rocheuse,
Telle, pour coasser, la grenouille hors de l'eau

Parfois montre sa tête au temps où la glaneuse
Rêve de la moisson, telles jusqu'où la peau
De honte se rougit, livides et glacées

Les ombres se plongeaient, faisant claquer leurs dents;
Leurs yeux baignés de pleurs et leurs lèvres blessées
Par le froid, témoignaient de leur affreux tourment.

J'avais laissé mes yeux errer à l'aventure
Quand je vis deux damnés unis si fortement,
Qu'ils avaient confondu leur double chevelure.

. . . .

Comme un homme affamé dévore l'aliment
Que la pitié lui jette, ainsi la dent cruelle
De l'un de ces damnés pénètre incessamment

Dans le crâne de l'autre et ronge sa cervelle ;
C'est ainsi que Tydée, à son dernier moment,
Au front de Ménalippe ensanglanta sa bouche.

« O ! toi, » criai-je alors, « qui du sang ennemi
Te repais ici-bas comme un tigre farouche,
Dis-moi quels sont les maux dont ton cœur a gémi,

Afin que, pénétré de ta juste colère,
Je puisse, dans les lieux témoins de ses forfaits,
Flétrir ton compagnon, si le destin contraire

Ne sèche point ma langue au fond de mon palais. »

CHANT TRENTE-TROISIÈME

(SUITE D'UGOLIN)

Le pécheur suspendit cette horrible torture ;
Puis, essuyant sa lèvre aux cheveux du damné
Qui doit à tout jamais lui servir de pâture,

Il dit : « Sache-le bien, ta voix m'a condamné
A raviver moi-même une douleur profonde,
Dont le seul souvenir a déchiré mon cœur.

Pourtant, si du récit que je sème en ce monde
Le traître, dont le sort t'inspire tant d'horreur,
Doit recueillir un jour des fruits d'ignominie,

Je suivrai jusqu'au bout ce pénible entretien.
J'ignore devant toi comment s'est aplanie
La voie inexorable et quel nom est le tien,

Mais ton parler toscan m'apprend ton origine.
Tu vois devant tes yeux le fameux Ugolin,
Et celui qu'ici-bas mon front vengeur domine

Est l'évêque Roger. Je te dirais en vain
Ma confiance aveugle, et comment l'artifice
De ce traître amena ma chute et mon trépas.

Mais les faits dont mon corps n'a pas laissé d'indice,
Mes dernières douleurs, tu ne les connais pas.
Écoute donc et vois quels ont été ses crimes.

Un étroit soupirail de la tour de la faim,
Où gémiront encor de nombreuses victimes,
Et qui reçut son nom de mon cruel destin,

Jusqu'à nous plusieurs fois avait laissé descendre
L'astre aimé de la nuit, lorsqu'un songe effrayant
M'apprit quel avenir il nous fallait attendre :

Ce traître m'apparut comme un seigneur puissant
Chassant des louveteaux et la louve alarmée
Au mont qui cache Lucque aux regards des Pisans ;

Il courait précédé d'une meute affamée
Que Galandi, Sismonde et d'autres partisans
Par leurs cris incessants excitaient au carnage.

Après un temps fort court, la mère et ses petits
Tombèrent épuisés, et je vis plein de rage
Les limiers triomphants déchirer leurs débris.

Soudain je m'éveillai, la nuit était obscure
Et mes pauvres enfants, endormis près de moi,
Me demandaient du pain en pleurant leur torture.

Ton âme est sans pitié si, devinant l'effroi
Qui m'assaillit alors, elle n'est pas émue ;
Si tu ne pleures pas, qui pourra t'attendrir ?

Nous étions tous debout et l'heure était venue
Où le repas du soir devait nous parvenir,
Et nos rêves affreux irritaient notre attente.

Puis j'entendis clouer la porte de la tour ;
Cachant à mes enfants ma soudaine épouvante,
Longtemps j'interrogeai leurs regards tour à tour.

Moi, je ne pleurais pas, mon cœur était de pierre,
Mais ils pleuraient, hélas ! et saisissant mon bras
Le plus jeune de tous me dit avec prière :

— « Père, qu'as-tu ? d'où vient que tu ne parles pas ? » —
Je contemplais en vain ma famille alarmée ;
Pendant tout ce long jour, pendant toute la nuit,

Mon œil demeura sec et ma bouche fermée.
Enfin, quand le soleil dans notre affreux réduit
Pénétra de nouveau, lisant sur leur visage

Ce que mon front devait exprimer de douleur,
Je me mordis les poings en frémissant de rage,
Et ceux-ci, supposant à ma sombre fureur

Que ma faim désormais voulait être assouvie,
Me crièrent soudain : — « Père, c'est trop souffrir
Notre sang vient de toi, qu'il prolonge ta vie,

Reprends-le, par pitié, nous voulons tous mourir. » —
Dès lors, je leur cachai mon angoisse effroyable,
« Nous fûmes tous muets ce jour et le suivant.

Que n'as-tu sous nos pas, ô terre impitoyable,
Ouvert tes profondeurs ! Quand le soleil levant
Le quatrième jour parut à l'ouverture,

Gaddo vint à mes pieds en me criant : — « Pourquoi,
Père, m'abandonner ? Pitié, je t'en conjure... » —
Puis il mourut.... Ainsi je vis autour de moi

Tour à tour succomber les trois autres ; dès lors
Aveugle, et me traînant sur mes fils insensibles,
Pendant trois jours encor je pleurai sur leurs corps.

Puis la faim triompha de mon cœur intrépide. »
Il se tut, et roulant son regard irrité,
Il reprit dans ses dents le crâne du perfide

Comme un chien fait d'un os......

VIE DE PÉTRARQUE

CHAPITRE PREMIER

Il est incontestable que la plupart des lecteurs, soit en France, soit même en Italie, ne connaissent de Pétrarque que les poésies consacrées, soit du vivant de Laure, soit après sa mort, à l'amour qu'elle lui avait inspiré, et cependant il est bien certain aussi que Pétrarque fut en outre un des hommes les plus érudits de son temps, ainsi que le prouvent les nombreux écrits qu'il a laissés en langue latine, les seuls qui, suivant lui, devaient lui assurer les regards et l'admiration de la postérité. J'ajoute qu'il fut chargé de missions politiques fort importantes et fit preuve dans plusieurs circonstances du plus pur et du plus fervent patriotisme, comme je me propose de le démontrer dans l'article qui va suivre.

Francesco Pétrarque naquit le 13 juillet 1304 à Arezzo, où s'étaient réfugiés ses parents, Petracco et Eletta

Canigiani, exilés de Florence par suite des factions et des guerres civiles qui désolaient cette ville. Il était l'aîné de quatre enfants dont le troisième, Gérard, se livra d'abord au libertinage et plus tard se consacra à la vie religieuse. Francesco Pétrarque était jeune encore lorsque son père se décida à chercher meilleure fortune à la cour pontificale, laquelle alors résidait à Avignon. Dans cette ville ainsi que dans la cité voisine, Carpentras, comme il le raconte lui-même, il fit des progrès rapides dans la grammaire, la dialectique, la rhétorique. Il alla ensuite étudier les lois à Montpellier, puis à Bologne. Le dégoût que lui inspirait la langue barbare des jurisconsultes s'accrut encore quand il eut le loisir de lire les chefs-d'œuvre de la Grèce et de Rome; aussi, sans négliger la science du droit, considérée alors comme très importante, il se sentait de plus en plus attiré vers les lettres, sa véritable vocation.

Une nuit, son père, l'ayant surpris au milieu de ses livres préférés, en fit un véritable autodafé; puis, touché du profond désespoir que son fils en manifesta, il retira des flammes un Virgile et un Cicéron, à la condition que le droit serait et demeurerait à jamais sa principale occupation.

Devenu libre par la mort de son père, il renonça au droit, pour lequel il avait toujours une grande répugnance, et retourna à Avignon à l'âge de 22 ans.

Ce séjour lui étant devenu doublement triste par la mort de sa mère, dont il a fait l'éloge dans une poésie latine, et par la malversation des exécuteurs du testament paternel, il espéra réparer sa mauvaise fortune en s'engageant dans la milice ecclésiastique, et il s'y distingua autant par sa science que par la pureté de ses mœurs. S'il ne parvint jamais à un grade plus élevé que celui de chanoine, il faut l'attribuer à sa répulsion pour toutes sortes d'emplois et de dignités.

Après la mort de ses parents, il fut recueilli dans la famille des Colonna, qui le traitèrent avec la plus grande bienveillance et, dès ce moment, il put se livrer librement aux rêves irrésistibles de sa brillante imagination.

Il avait reçu de la nature un esprit juste et pénétrant, une logique claire et précise, une heureuse mémoire, une grande délicatesse de sentiments et une grande affabilité.

Il souffrait de voir son frère Gérard s'abandonner au plaisir et désirait ardemment le faire changer de vie. Il s'attristait aussi des malheurs du temps en voyant que le séjour de la papauté était livré à tous les désordres et à tous les genres de séductions : « O ! fabrique de tromperies, » s'écrie-t-il dans ses églogues, O ! prison de colère, enfer d'envie, où vas-tu avec tes adultères, avec tes immenses richesses mal acquises ? Nid de trahisons où se couve tout le mal qui se répand dans le monde ; esclave des vins et des victuailles, chez toi la luxure est arrivée à son comble, tu vis de telle sorte qu'il est à désirer que Dieu n'en tire pas vengeance. »

Ce fut dans l'année 1327, dans l'église Sainte-Claire, pendant les jours consacrés à la passion du Rédempteur, qu'il vit une belle et noble dame. La voir et s'en éprendre fut l'effet d'un seul moment. Son nom était Laure, sa patrie Avignon, le nom de sa famille Noves, et celui de son mari Hugues de Sade ; elle avait 20 ans et était mariée depuis deux ans. Elle exerça sur Pétrarque une grande influence pendant les 18 années qui s'écoulèrent entre le jour où il la rencontra et celui où la mort vint les séparer.

Les vers par lesquels il la pleura témoignent de son désir de la suivre au ciel et contiennent la promesse de lui rester à jamais fidèle ; les sentiments qu'ils expriment sont encore plus ardents et plus tendres que ceux qu'il lui avait consacrés pendant sa vie. Nous reviendrons du reste sur cet amour, qui a donné lieu à bien des interprétations, quand nous passerons en revue les œuvres complètes de Pétrarque.

Pour se distraire de sa passion, il projeta d'abord un voyage en Asie, qui n'eut pas lieu ; il se rendit en France, visita Paris, puis le Brabant et les provinces rhénanes. En retournant à Avignon, il fit un court séjour à Rome. Plus tard, il s'embarqua de nouveau, visita l'Espagne et alla jusqu'en Angleterre. En 1337, pour se procurer une paix qui le fuyait toujours, il alla s'établir à Vaucluse dans une petite habitation qu'il a rendue à jamais célèbre, et qu'il a décrite lui-même en ces termes : « Ce n'est pas un palais, mais une retraite égayée par un hêtre, un pin, l'herbe verte et la vue d'une belle montagne. » Là il cultiva avec délices les muses latines ; il écrivit dans cette langue trois livres d'épîtres, douze églogues et un grand poème dont il sera question plus tard.

Pétrarque acquit bientôt par ses œuvres une telle célébrité, que le chancelier de l'Université de Paris et le Sénat romain lui offrirent la couronne poétique. Avant de prendre une décision, il se rendit à la cour de Robert, roi de Naples, qui comptait parmi les plus beaux esprits de son temps; il y reçut le meilleur accueil; mais, préférant à toute autre l'invitation de Rome, il se dirigea vers cette ville et le jour de Pâques de l'année 1341, le couronnement solennel eut lieu au milieu d'un grand concours de peuple et de la joie générale.

Les seigneurs de Correggio, qui demeuraient alors à Parme, l'appelèrent auprès d'eux; il n'y resta qu'une année, pendant laquelle il fut nommé archidiacre du chapitre de la ville. Le titre de citoyen romain lui ayant été conféré, il se crut obligé de retourner à Rome et accepta la mission d'aller complimenter le pape Clément VI, nouvellement élu, en compagnie de Nicolas Rienzi qui, après lui avoir fait espérer l'affranchissement de Rome, devait finir par lui causer une si cruelle déception.

Nous croyons devoir donner ici quelques extraits d'une lettre très volumineuse adressée à Rienzi par Pétrarque, car elle prouve qu'il y avait chez ce dernier non seulement le génie d'un grand poète, mais aussi le cœur et la haute raison d'un grand citoyen.

« Je ne sais, citoyen magnanime, si je dois d'abord me réjouir de tes glorieuses entreprises ou de l'affranchissement des peuples, de tes mérites ou du triomphe de la liberté. De quelles paroles me servirai-je pour exprimer une joie aussi inattendue et, dans mon enthousiasme, par quels vœux traduirai-je les émotions que j'éprouve?

Au milieu de vous est la liberté si douce et si désirable, qu'on n'apprécie jamais mieux que lorsqu'on l'a perdue. Maintenant vous jouissez allègrement, sobrement et tranquillement de ce bien connu par l'expérience de tant d'années, et vous rendez grâces à Dieu auquel vous êtes redevables de ce bienfait, à Dieu qui n'a pas encore oublié la très sainte cité à Lui consacrée et qui n'a pas voulu voir plus longtemps dans la servitude celle qu'Il avait faite reine du monde !

Pourtant vous, hommes forts et successeurs des forts, si avec la liberté les pensées viriles vous sont revenues, il faut que chacun soit prêt, avant de l'abandonner, à faire le sacrifice de sa vie, sans quoi elle serait une honte. Ayez toujours devant les yeux votre servitude passée, et alors vous serez plus que jamais convaincus que rien n'est plus précieux que la liberté. Il n'est pas un seul parmi vous qui ne préférât donner la dernière goutte de sang romain plutôt que de vivre esclave. Le poisson échappé à l'hameçon redoute tout ce qui nage sur les ondes ; la brebis délivrée de la gueule du loup a horreur de voir, même de loin, les chiens gris ; l'oiseau dégagé de la glu ne se fie pas aux arbrisseaux les plus sûrs. Vous, croyez-moi, vous êtes attirés par l'appât des illusions et des fausses espérances, menacés par la glu, d'un fléau auquel vous êtes habitués et entourés par des bandes de loups faméliques. Regardez autour de vous avec vigilance et ayez bien soin que toutes vos pensées et toutes vos actions soient consacrées à la liberté, qu'elle seule soit l'objet de toutes vos préoccupations ; tout ce qu'on peut faire d'étranger à ce but est une perte de temps irréparable et un appât insidieux. L'amour immérité que vous avez peut-être conçu par une longue habitude et l'attachement indigne à vos tyrans doivent être déracinés de votre mémoire et de votre cœur. Le serf respecte pour un temps un maître orgueilleux, et l'oiseau captif fait fête à celui qui le possède, mais le serf, dès qu'il le peut, rompt ses chaînes, et l'oiseau, dès qu'il trouve une issue, s'envole rapidement. Vous avez servi, ô citoyens illustres, ceux auxquels toutes les nations étaient assujetties, ceux qui tenaient les rois eux-mêmes sous leurs pieds.

. . . .

Ce qui m'indigne le plus, ce n'est pas leur manque d'humanité, mais la folie à laquelle ils sont promptement arrivés de vouloir être considérés non comme des hommes, mais comme des maîtres. Oh crime ! Dans la ville où le divin législateur de toutes les nations défendit à qui que ce fût de se donner le nom de maître, aujourd'hui des larrons et des mendiants se croient gravement offensés si on ne leur donne pas ce titre.

. . . .

Certainement, ils n'étaient pas romains ceux qui, jaloux d'un vain titre de noblesse, de quelque lieu qu'ils vinssent, quel que fût le vent contraire qui les poussât, quel que fût le peuple barbare dont ils sortirent, nous furent envoyés. Bien que depuis ils aient foulé de leurs pieds superbes les cendres de nos illustres aïeux, on peut leur appliquer ce que dit le satirique :

« Celui qui vint un jour tout chargé de poussière
Dans Rome rencontra la fin de ses malheurs. »

Le dire d'un autre poète s'est aussi vérifié :

..... « Point de roi parmi nous
Mais nous voulons servir seulement la patrie. »

. . . .

La fortune, bonne ou mauvaise, doit avoir une fin : un défenseur inespéré s'est présenté et même on en célèbre trois qui ont paru à diverses époques : le premier Brutus chassa Tarquin le superbe ; le second Brutus fut le meurtrier de Jules César ; le troisième, Nicolas Rienzi, qui, de notre temps, punit les oppresseurs par l'exil et par la mort, fut semblable en cela aux deux premiers et digne d'une double louange, réunissant en lui la gloire que les deux autres s'étaient acquise.

. . . .

Faites disparaître, je vous prie, toute trace de discorde entre vous ; que l'incendie, allumé parmi vous par le souffle des tyrans, s'éteigne sagement dans les conseils de votre libérateur. Luttez avec le tribun à qui, de lui ou de vous, remplira le mieux ses devoirs civiques : lui en commandant honnêtement, vous en obéissant promptement.

Si l'amour, le lien le plus puissant qui puisse unir les esprits, ne suffit pas, unissez-vous dans l'intérêt commun. Si vous suivez les exemples que vos pères vous ont laissés, vous ne tournerez les armes que contre les ennemis de la République, et, en leur infligeant l'exil, la pauvreté et les supplices, vous réjouirez dans leurs tombes les mânes de vos aïeux.

...Mais je commence à avoir honte de vous entretenir si longuement, surtout en ce temps où il faut plutôt des actes que des paroles. Je dois vous déclarer qu'ému par la renommée de faits aussi remarquables, je me suis souvent attristé de ma condition qui m'empêche d'aller prendre ma part d'une si grande joie. . . . .

Peut-être arrivera bientôt le jour où je pourrai m'adresser à vous dans un style différent, si toutefois, comme je l'espère et comme je vous y exhorte, vous ne manquez pas de persévérance après un si glorieux commencement. Le front orné de la couronne d'Apollon, je m'élèverai sur l'Hélicon solitaire à la fontaine Castalie et, après avoir rappelé de l'exil les Muses, avec une voix plus puissante je chanterai quelque chose qui s'entendra de plus loin.

Adieu, Rienzi, homme valeureux, adieu à vous tous, excellents citoyens, adieu, très glorieuse cité des sept collines. »

A la suite de cette ambassade, le Pape nomma Pétrarque prieur de Saint-Nicolas de Migliarino dans le diocèse de Pise. Après la mort du roi Robert, Clément VI le chargea d'une mission à la cour de Naples pour y traiter d'affaires importantes. La reine Jeanne, qui gouvernait alors, était entourée de perfides conseillers; aussi Pétrarque ne reconnut-il plus la ville qu'il avait visitée deux ans auparavant et qui était en proie à toutes sortes de vices et d'abus. Il ne tarda pas à retourner dans sa chère retraite de Vaucluse, impatient de jouir du repos loin des intrigues des cours et des luttes de l'ambition.

Dans le courant de l'année 1348, une peste terrible désola l'Europe et compta parmi ses victimes celle qui avait inspiré à Pétrarque ses plus beaux chants et son plus constant amour et de laquelle il dit:

Morte bella parea nel suo bel viso

Il était à Parme lorsqu'il reçut la fatale nouvelle que devait rendre plus triste encore la mort de son protecteur, le cardinal Colonna. Pour se soustraire à sa douleur, il se rendit successivement à Carpi, à Mantoue, à Vérone, à Padoue, partout accueilli avec honneur par les seigneurs de ces divers lieux. Les habitants de Carrare, pour se l'attacher d'une manière permanente, le nommèrent chanoine de leur cathédrale.

Lorsque les Florentins songèrent enfin à se montrer plus cléments envers les exilés, ils accordèrent à Boccace et à Pétrarque la restitution de leurs biens ; ils offrirent même à ce dernier un poste honorable dans leur gymnase public nouvellement fondé, mais il préféra se rendre à Padoue, où il trouva dans Francesco Carrara un Mécène encore plus bienveillant. Il alla ensuite à Venise, où il se lia d'amitié avec le célèbre doge Andrea Dandolo, auquel il donna le salutaire, mais inutile conseil de se réconcilier avec les Génois et d'unir leurs forces pour le salut de l'Italie.

En 1351, il retourna à Vaucluse et partagea son temps entre cette solitude et la cité d'Avignon. En 1352, Clément VI mourut; son successeur Innocent VI, n'ayant pas craint de soupçonner Pétrarque de magie, celui-ci quitta Avignon et se rendit à Milan auprès de l'archevêque Giovanni Visconti, qui l'accueillit très gracieusement et l'envoya comme ambassadeur à Venise pour tâcher de rétablir la paix, mais il échoua dans cette entreprise.

L'arrivée de l'empereur Charles IV à Mantoue lui fit concevoir de grandes espérances pour le bonheur de l'Italie, mais ces espérances furent bientôt déçues par la lâcheté de ce prince qui abandonna la province. C'est à cette occasion que Pétrarque écrivit une lettre remarquable dans laquelle il déplore la situation de l'Italie et le manque total de patriotisme dans ce beau pays.

En 1360, il fut envoyé à Paris par Galeazzo Visconti, pour féliciter le roi Jean de sa délivrance d'une longue captivité en Angleterre. Malgré la bienveillance de ce monarque, il ne fit qu'un court séjour à Paris et retourna à Milan, dont il fut bientôt chassé par la peste et la guerre civile qui désolaient cette ville.

Il éprouva une grande joie lorsque le pape Grégoire XI se décida à transférer le siège pontifical à Rome; il refusa cependant les offres de ce pontife, préférant aux honneurs ses études littéraires et les douceurs de la solitude.

Il passa les quatre dernières années de sa vie dans une petite maison qu'il s'était fait construire sur les collines enganéennes. Dans cette retraite, il consacra plus que jamais sa Muse à décrire les beautés de la nature. Il entretenait une correspondance avec ses amis absents et surtout avec Boccace. Ce dernier s'étant excusé de ne pas lui avoir encore remboursé une somme qu'il lui devait, Pétrarque lui répondit qu'il ne lui devait autre chose que beaucoup d'amitié, et il ajoutait ailleurs: « Ah! si je pouvais t'enrichir, mais pour deux amis qui n'ont qu'un seul cœur, une seule maison est bien suffisante. »

Comme il le dit lui-même, Pétrarque n'aimait à converser qu'avec ses amis ou des hommes suffisamment éclairés; il trouvait que rien n'est plus ennuyeux que de causer avec des gens dont l'esprit n'est pas aussi cultivé que le vôtre. Du reste, sa voix était faible et il s'exprimait assez difficilement, ce qu'il attribuait au peu d'efforts qu'il avait faits pour se rendre éloquent. Bien qu'il eût acquis quelque fortune à la fin de sa vie, sa sobriété fut toujours la même; il s'abstenait de vin et vivait presque entièrement de légumes. Son principal luxe consistait à augmenter le nombre de ses serviteurs et de ses copistes.

Pétrarque laissa plusieurs enfants naturels qui attristèrent sa vie. Son fils Jean ne répondit nullement à ses soins, et sa fille, mariée à Franceschino di Brossano, perdit un enfant aussi adoré de son aïeul qu'il l'était de sa mère.

Dans les derniers temps de sa vie, il dormait à côté d'une lampe allumée et se relevait au milieu de la nuit; il écrivait jusqu'au lever du soleil, et se comparait à un voyageur fatigué et pressé de profiter des dernières forces qui lui restent pour arriver au but de son voyage. Parfois il tombait dans une léthargie d'où il ne sortait qu'au bout de 30 heures, sans avoir éprouvé, disait-il, ni souffrance, ni terreur.

La mort le surprit le 18 juillet 1374 dans sa villa d'Acqua près de Padoue, où il vivait depuis quatre ans. Il fut trouvé mort dans sa bibliothèque, la tête appuyée sur un livre ouvert; il avait 70 ans.

Par son testament, il légua à un de ses amis son luth, afin qu'il pût chanter les louanges du Très-Haut; à un serviteur, une somme d'argent, à la condition qu'il ne jouerait plus comme il en avait l'habitude; à son copiste, un vase d'argent, en lui prescrivant d'y boire de l'eau plutôt que du vin, et à Boccace une pelisse d'hiver pour ses études nocturnes.

Son corps fut déposé dans un sépulcre de marbre rouge élevé devant l'église de la ville avec cette inscription:

Frigida Francesci lapis hic tegit ossa Petrarcæ,
Suscipe Virgo parens animam: Sate Virgine parce
Fessaque, jam terris, cœli requiescat in arce.

CHAPITRE II

DE SES ŒUVRES ET PRINCIPALEMENT
DE SES POÉSIES AMOUREUSES

Comme nous l'avons dit plus haut, Pétrarque fut un des hommes les plus érudits de son temps ; il coopéra grandement à la renaissance des belles-lettres en Europe par la recherche qu'il fit des auteurs grecs et latins dispersés à l'époque de l'invasion des barbares. Ses premiers ouvrages, et ceux auxquels il attacha d'abord une réelle importance, furent écrits en latin, la seule langue qui fût alors en usage parmi les savants et les jurisconsultes de cette époque.

On a de lui dans cette langue douze églogues et trois livres d'épîtres en vers (dont le principal intérêt est de nous faire connaître les opinions et les personnages contemporains), les traités de *Remediis utriusque fortunæ, De contemptu Mundi, De verâ sapientiâ, De sui ipsius et aliorum ignorantiâ*. Il composa en outre un grand poème, l'*Africa*, ayant pour sujet la seconde guerre punique, lequel, comme il le dit lui-même en réponse à une lettre où Boccace l'avait placé au troisième rang, devait lui assurer la première place parmi tous les poètes, et qu'il laissait inachevé parce que son époque n'était pas digne d'en apprécier la sublimité. Il avait communiqué une partie de son travail, qu'il ne se lassait pas de polir et de repolir, au roi Robert qui lui fit don d'un manteau de pourpre pour lui servir à son couronnement poétique. Pétrarque, pour lui témoigner sa reconnaissance, non seulement lui promit de lui dédier son œuvre, mais lui prodigua de telles adulations qu'on ne tarda pas à lui reprocher d'avoir fait litière de sa dignité et de son indépendance pour se réduire au rôle de courtisan. Il en conçut, disent ses biographes, un tel chagrin qu'il livra au feu son poème commencé. Dans sa vieillesse, il avoua à son ami Boccace qu'il se reprochait de ne s'être pas adonné entièrement à la langue vulgaire, ce qui lui aurait valu les suffrages non seulement de ses contemporains, mais ceux de la postérité; l'avenir devait bientôt justifier ses regrets, car ses poésies écrites en italien, qu'il considérait comme de simples jeux d'esprit, sont seules lues et admirées aujourd'hui par ses compatriotes eux-mêmes. Elles se divisent en trois parties: la première embrasse celles écrites *in vita di Laura*, la seconde *dopo la morte di lei* et la troisième, les poésies mêlées, parmi lesquelles il y en a plusieurs ayant trait à la politique.

Les commentateurs ont jugé diversement l'amour qui inspira les chants du poète, et plusieurs ont vu avec étonnement Laure, mariée depuis deux ans au chevalier

Ugo de Sade, encourager les élans passionnés que lui prodiguait son poète favori, qui ne cessa cependant d'exalter sa pureté; mais on répond avec raison qu'à cette époque le lien qui unissait indissolublement une femme à son mari ne mettait point d'obstacle à l'amour qu'elle pouvait éprouver pour un autre, et elle était en cela approuvée par la cour d'amour, qui admettait fort bien qu'une femme, tout en restant fidèle à son mari, reçût les hommages d'un amant.

Pétrarque, du reste, a pris soin de dissiper tous les doutes à cet égard. « Dans mon amour », dit-il, « rien ne fut honteux, rien ne fut obscène, rien ne fut coupable, si ce n'est sa véhémence. C'étaient des mortelles que Tædia et Livia. Il n'en était point ainsi de celle que j'aimais, laquelle dépouillée de tout sentiment terrestre, brûlait de désirs célestes. Sur son visage brille un rayon divin, ses mœurs sont le miroir de la plus parfaite honnêteté; sa voix, le mouvement de ses yeux et sa démarche sont d'une créature immortelle. Tout ce que je suis, c'est à elle que je le dois, et je ne serais pas parvenu à obtenir le nom et le peu de gloire que je possède si, par sa très noble affection, elle n'avait pas alimenté et fait germer la petite semence de bien que la nature avait déposée dans mon sein. Je n'ai jamais rien rencontré de répréhensible soit dans ses actes, soit dans ses paroles, et les hommes les plus médisants furent contraints de l'admirer et de la révérer. Qu'y a-t-il donc d'étonnant si une femme d'une aussi belle réputation m'enflamma du désir de m'élever à la plus grande renommée, et me rendit moins dures les fatigues que je dus subir pour y atteindre? et, lors même qu'elle me précéderait dans la tombe, je vivrai toujours amoureux de sa vertu, qui ne saurait s'éteindre avec elle. » *De Contemptu Mundi*, page 400.

Néanmoins si, durant la vie de Laure, Pétrarque l'aima de toute la puissance de son âme et prouva dans ses *Trionfi*, publiés après sa mort, qu'il lui demeura toujours fidèle, il est certain qu'il chercha des consolations dans les bras d'une autre femme puisque, comme on a pu le voir dans la première partie de ce travail, il laissa deux enfants, une fille qui réjouit sa vieillesse et lui ferma les yeux, et un fils dont il n'eut pas lieu de s'enorgueillir.

Les *Trionfi*, série de visions allégoriques sur la force de l'amour, sur la chasteté, sur la mort, sur le génie, sur la renommée, sur le temps et sur l'éternité, ont été composés en imitation de Dante. Si l'on n'y trouve pas toute l'énergie et la sublimité de l'Alighieri, ces vers se distinguent par la grâce, la noblesse et la clarté. Il est impossible de lire sans émotion la pièce qui commence ainsi :

La notte chi segui l'orribil caso

Elle est pleine de sentiment et elle résume tout ce qu'avait précédemment écrit le poète.

On admire, dans ses sonnets et dans ses canzoni, peut-être supérieurs, les figures gracieuses et la variété dans l'expression d'un sentiment qui est toujours le même. Il est seulement à regretter qu'on y rencontre des concetti et des pensées plus ingénieuses que vraies.

Dans les derniers temps de sa vie, Pétrarque écrivit

un très grand nombre de lettres qu'il recueillit lui-même sous le titre : *Epistolæ seniles,* espérant bien, en conversant avec ses amis, se faire entendre d'un bout à l'autre de l'univers. Ces lettres, pleines de citations, ont perdu aujourd'hui beaucoup de leur intérêt, et malheureusement, si l'on y trouve de l'érudition, de l'éloquence et de l'abnégation chrétienne, on y rencontre aussi le pathos, la pédanterie et une complaisance puérile pour soi-même.

On regrette que dans les siècles suivants les poètes, imitant la grâce de Pétrarque de préférence à l'énergie de Dante, aient énervé la littérature en abusant des métaphores, des jeux de mots et des subtilités.

Nous croyons devoir emprunter à Ugo Foscolo, auquel nous consacrons plus loin une partie de notre travail, plusieurs extraits du parallèle qu'il a publié sur ces deux grands poètes :

« Au siècle de Léon X, une érudition extravagante se répandit partout et poussa les raffinements de la critique si loin, qu'on préféra la grâce et l'élégance aux hardiesses du génie. Pétrarque, considéré alors comme supérieur à Dante, fut pris comme modèle et cela dura jusqu'au XVIIIe siècle.

Ces deux fondateurs de la littérature italienne furent doués d'un génie bien différent; ne tendant pas au même but, ils formèrent deux écoles, ils créèrent deux langues et exercèrent jusqu'à nos jours une influence diversement fructueuse.

Dante met à profit tous les dialectes de l'Italie pour composer une langue nouvelle qui lui permette non seulement d'exprimer les idées les plus sublimes, mais aussi de retracer les scènes les plus communes de la nature, les plus étranges conceptions de sa fantaisie et les problèmes les plus abstraits de la philosophie et de la religion, tandis que Pétrarque ne songe qu'à choisir les idées les plus gracieuses, les expressions les plus élégantes et les plus mélodieuses.

Le chantre de Vaucluse s'adonne principalement à la Muse érotique, laquelle a pour but de peindre la plus douce des passions humaines; le vers de Dante, construit avec plus d'art et de hardiesse, atteint les plus grands effets de l'harmonie imitative.

Les images de Pétrarque semblent produites par un pinceau plus délicat; elles charment l'œil plus par le coloris que par la forme. Pétrarque souvent couvre la réalité d'un tel luxe d'ornements, que ses images se noient dans un océan de lumière éblouissante, tandis que le poète doit en général se contenter de moyens très simples pour arriver à de grands effets.

Dante donne de la vie à tout ce qu'il touche; il mêle les réalités de la nature avec l'idéal au point qu'il crée des illusions que rien ne peut dissiper; telle est la description qu'il fait de Béatrice dans le paradis.

Dante et Pétrarque adoptèrent chacun un style en rapport avec leur génie, d'où résultèrent deux genres de poésie qui produisirent des effets bien différents : Pétrarque, en regardant toutes choses à travers le voile d'une passion dominante, tend à énerver les caractères et à détourner de la vie active. Dante, comme tous les poètes primitifs, est l'historien de son temps, le prophète de la patrie et le peintre de l'humanité. Il met en mouvement toutes les facultés de l'âme et nous communique sa propre énergie en traçant d'une main ferme les scènes les plus émouvantes et les plus terribles. Dans quelque lieu qu'il nous entraîne, soit dans l'enfer, soit dans le purgatoire, soit dans le paradis, il donne à chaque chose et à chaque personnage la couleur et le caractère qui leur sont propres. »

CHOIX DE SONNETS

(TRADUITS DE PÉTRARQUE)

13

Que de fois, tout en pleurs, fuyant le genre humain,
Et me fuyant moi-même en mon charmant asile,
J'inonde ma poitrine et l'herbe du chemin !
Que de fois mes soupirs troublent l'air immobile !

Que de fois, seul, en proie à mes rêves d'amour,
Au fond d'un bois épais et d'une grotte obscure,
Je cherche autour de moi cette femme si pure
Que me ravit la tombe où j'aspire à mon tour !

Tantôt elle s'élance en nymphe vaporeuse
Sur les flots argentés de la Sorgue écumeuse,
Et s'assied près de moi sur ses bords enchanteurs ;

Tantôt, d'un pied léger, son image chérie
Agite doucement les fleurs de la prairie,
Et semble à mon aspect prendre part à mes pleurs.

20

Lorsque du sein de l'air, si plein de mon amour,
Je vois du haut des monts ce plateau solitaire
Où naquit l'ange aimé qui, prenant sans retour
Mon cœur prêt à verser ses parfums sur la terre,

Est parti pour le ciel et, gagnant les hauteurs,
M'a sitôt devancé par des routes lointaines
Que mes yeux, fatigués de leurs recherches vaines,
Ne voient plus un seul lieu qu'ils n'aient baigné de pleurs ;

Il n'est pas un rocher au flanc de nos collines,
Une branche, une feuille au bord des eaux voisines,
Une fleur, un brin d'herbe en ce vallon charmant,

Il n'est pas une goutte au lit de ces fontaines,
De louves en ces bois tellement inhumaines
Qui n'aient vu les effets de mon cruel tourment !

34

M'élevant en esprit dans ces lieux inconnus
Où vit celle qu'en vain ici-bas je rappelle,
Parmi les bienheureux du cercle de Vénus
Je la vis apparaître et plus tendre et plus belle.

Elle me prit la main: « Si j'en crois mon espoir, »
Dit-elle, « tu vivras parmi ces âmes pures;
C'est par moi que ton cœur reçut tant de blessures,
C'est moi qui vis la mort descendre avant le soir.

Mon bonheur désormais échappe au sens des hommes,
C'est toi seul que j'attends; loin du monde où nous sommes
J'ai laissé ces trésors qui ravissaient tes yeux. »

Mais sa main s'entr'ouvrit, je cessai de l'entendre...
Hélas! aux doux accents de sa voix chaste et tendre
Mon âme était si près de se fixer aux cieux !

42

Zéphir en nos climats ramène les beaux jours
Et son aimable cour de fleurs et de verdure ;
Philomèle et Progné redisent leurs amours
Et le printemps sourit à toute la nature ;

Le ciel reprend ses feux et les prés leur fraîcheur.
Jupiter enivré voit sa fille et l'admire,
Et l'amour, triomphant de tout ce qui respire,
Remplit la terre, l'onde et les airs de bonheur ;

Mais pour moi, je succombe à cette ardeur profonde
Que laisse désormais sans objet en ce monde
Celle qui dans le ciel tient les clefs de mon cœur ;

Le doux chant des oiseaux, l'éclat des fleurs nouvelles
Et les charmes naissants des vierges les plus belles
N'offrent plus à mes yeux que déserts et qu'horreur.

67

La mort vient de ravir au monde son flambeau,
A l'amour son regard, ses feux et sa puissance,
A la beauté son charme, aux grâces leur réseau,
A mon cœur déchiré sa dernière espérance;

L'urbanité n'est plus et la pudeur a fui.
Oh! pourquoi pleurer seul quand tous devraient se plaindre?
Le foyer des vertus par toi vient de s'éteindre,
O Mort! en peut-il naître un second aujourd'hui?

L'air, la terre et les eaux devraient verser des larmes,
Et vous aussi, mortels qui, privés de ses charmes,
Semblez un pré sans fleurs, un anneau sans rubis.

Le monde où je l'aimais ignora mon idole.
Mais nous la connaissions, moi, que rien ne console,
Et le ciel ravisseur qui lui doit tout son prix!

77

De longs cheveux brillant à rendre l'or jaloux,
Le regard le plus pur, le plus charmant visage
Qui jamais aient fait mettre un mortel à genoux,
Un sourire ineffable, un gracieux langage,

Une main, de beaux bras noblement arrondis
A faire implorer grâce au cœur le plus rebelle,
Un pied fait par l'amour, une femme si belle,
En un mot, qu'il n'est rien de tel au paradis,

Me faisaient d'heureux jours; mais Dieu l'a rappelée,
Empressé de la voir parmi sa cour ailée,
Et moi, je reste seul, les yeux morts au bonheur.

Pourtant une espérance ici-bas m'est laissée :
Peut-être l'ange heureux, qui lit dans ma pensée,
De nous voir réunis obtiendra la faveur.

90

Sans doute en ce moment tu pleures tes beaux jours,
Joli petit oiseau qui vas à l'aventure,
Car l'hiver et la nuit, attristant la nature,
Ont chassé la lumière et le temps des amours.

Ah ! si tu connaissais le mal qui me dévore
Ainsi que tu connais tes cruelles douleurs,
Tu viendrais sur mon cœur, que rien n'apaise encore,
Et nous souffririons moins en confondant nos pleurs.

Mais c'est trop demander: celle qui t'est ravie
Peut-être maintenant n'a pas quitté la vie,
Et moi, j'implore en vain et le ciel et la mort.

Cependant la saison et cette heure avancée,
Et mes doux souvenirs et ma peine passée,
Tout m'invite à donner une larme à ton sort.

A LA FONTAINE DE VAUCLUSE

CANZONE

Eau claire, fraîche et bienfaisante
Où la dame, unique à mes yeux,
Baignait ses membres gracieux ;
Gentil rameau sur qui sa main charmante,
Je tressaille à ce souvenir,
Se plaisait à se soutenir ;
Gazon fleuri sur lequel s'étendirent
Sa jupe et son beau sein ; air pur où sans retour
Ses yeux adorables ouvrirent
L'accès de mon cœur à l'amour ;
Soyez tous attentifs à ma plainte dernière.
Si tel doit être mon destin
Et si le ciel exauce ma prière
C'est en ces lieux, qu'à mes pleurs mettant fin
L'amour fermera ma paupière.
Si quelque honneur doit recouvrir encor
Parmi vous mon corps périssable,

Et si mon âme doit prendre l'essor
    Vers sa demeure véritable,
    Avec un tel espoir la mort
Dans ce pas incertain me sera moins pénible,
Car mon esprit lassé n'a pas de meilleur port
Et ma chair et mes os de fosse plus paisible.
Peut-être reverrai-je encore en ce séjour,
    Comme autrefois dans un bienheureux jour,
Cette beauté cruelle et pourtant si charmante,
Elle tourne vers moi joyeuse et séduisante
Ses yeux en me cherchant; elle voit se creuser
La terre et, n'écoutant que l'amour qui l'inspire,
Elle semble oublier le ciel et s'accuser,
    Tant son cœur tristement soupire,
    Et de son voile elle étanche ses pleurs.
    Des beaux rameaux incessamment des fleurs
    Pleuvaient sur son beau corps; assise et bienheureuse
On la voyait pourtant jouir modestement
De sa gloire et déjà cette pluie amoureuse
    La recouvrait complètement;
Telle fleur se posait au bord du vêtement,
    Telle autre sur ses tresses blondes,
    Comme des perles sur de l'or;
Telle atteignait la terre et telle autre les ondes;
    Et, plus audacieuse encor,
Telle autre, tournoyant lentement, semblait dire :
    De l'amour c'est ici l'empire.
    Combien de fois effrayé je me dis :
    « Elle naquit sans doute au paradis. »
Son port divin, sa voix, ses traits et son sourire
M'avaient troublé l'esprit, tout m'était devenu

Incertain et confus, et j'en vins à me dire :
Comment suis-je en ces lieux, quand y suis-je venu ?
Me croyant dans le ciel; aussi dans mon délire
    Sur ces gazons je me plais désormais
Et c'est là seulement que je trouve la paix.

ÉTUDES

SUR

ALFIERI ET SUR UGO FOSCOLO

ÉTUDES

SUR

ALFIERI ET SUR UGO FOSCOLO

AVANT-PROPOS

La littérature peut être considérée sous un double point de vue: ceux qui ne s'attachent qu'au mérite purement littéraire, ceux qui ne voient dans la poésie, par exemple, qu'un jeu de l'imagination, qu'une expression particulière du sentiment ou de la rêverie, partagent également leur admiration entre Homère et Anacréon, entre Tibulle et Juvénal. Pour ceux, au contraire, qui voient toujours dans le poète le *vates* des anciens, le génie inspiré qui plane sur son siècle, le devance et le guide, le cercle des noms glorieux se rétrécit, et la décadence commence là où s'arrête l'action vivifiante, l'action progressive de l'écrivain sur les destinées des peuples. C'est à ce point de vue que je me place pour apprécier dignement les œuvres d'Alfieri et de Foscolo. J'ai hâte de le déclarer pour que ma pensée soit bien comprise et qu'on ne m'accuse pas de faire table rase de tout ce qui a précédé en Italie la réforme du XVIIIe siècle.

La littérature italienne que, par un puissant effort de génie, Dante avait créée toute sublime en lui donnant un but national et une langue hardie, se détourna aussitôt de ses voies.

La muse gracieuse, mais énervante de Pétrarque introduisait déjà dans ses poèmes cette adulation qui fit longtemps désespérer du génie italien. Profonde dans Machiavel, étincelante d'imagination dans l'Arioste et le Tasse, la littérature ne se releva avec eux que pour tomber plus bas encore; et les trois siècles qui suivirent furent trois siècles de pédantisme, d'affadissement et de décadence.

Sans doute, pendant cette longue période, on rencontre encore de loin en loin des œuvres de talent et même de génie, comme celles de Galilée et de Vico, mais elles n'apparaissent un instant, comme les oasis du désert, que pour faire mieux sentir l'aridité qui les entoure.

L'éloquence qui, sous les gouvernements absolus,

se réfugie dans la chaire et y retrouve parfois sa puissance et sa majesté, ne fut plus que l'art de suppléer à la chaleur de la conviction et à l'idée absente par les subtilités des syllogismes ou par l'abondance stérile des paroles. Elle devait subir longtemps encore l'influence de ces théologiens lettrés qui n'avaient de vénérable que la longue barbe et les longues périodes. Les académies se réunissaient en grande pompe pour disserter sur des sujets non moins frivoles que le fameux turbot de l'empereur Domitien[1]. La critique, divisée en deux camps acharnés, entassait Pélion sur Ossa pour prouver ou contester le mérite d'un sonnet ou pour retrouver le sens d'un mot obscur. L'Italie abondait en annales, en chroniques, en biographies, en généalogies, en éloges académiques, mais on y chercherait vainement un historien qui, signalant les causes réelles de la décadence, sût puiser dans le passé des leçons et des exemples pour l'avenir : « Ce n'est pas en effet dans les Arcadies et dans les cloîtres que l'on peut retracer les vertus, les malheurs et les erreurs des grands citoyens[2]. » La poésie, bassement adulatrice ou froidement érotique, rampait dans les antichambres des grands ou se

---

[1] Juvénal sat. IV.
[2] Voir Foscolo, dell' Ufficio della letteratura.

plaignait à toutes les divinités du paganisme des rigueurs imaginaires de Lycoris, d'Églé, de Doris et d'Amaryllis. La littérature, en un mot, n'était plus qu'une sorte de musique sensuelle et énervante, que le maître permet volontiers à l'esclave, parce qu'elle n'éveille en lui aucune idée féconde et généreuse.

Le mouvement philosophique de la France au XVIIIe siècle donna le signal du réveil. Les sciences morales et économiques trouvèrent en Italie des interprètes ardents et convaincus, et la poésie comprit à son tour qu'elle avait une noble mission à remplir. Secouant le joug de la Crusca et foulant aux pieds les bergeries de l'Arcadie, elle redemanda au Gibelin le secret de sa grandeur et de sa puissante initiative, elle songea à se créer une langue plus en rapport avec les besoins de l'époque. Cette croisade littéraire, prêchée et commencée par Cesarotti sous une influence étrangère, et continuée avec plus d'indépendance par le satirique Parini et le grand tragique Alfieri, convenait merveilleusement à la plume savante et à l'ardeur indomptable du chantre des Tombeaux. C'était à lui qu'était réservé l'honneur de porter les derniers coups et de vaincre toutes les résistances. Mort sur la brèche, où le suivit une jeunesse enthousiaste, il revit tout entier dans la génération actuelle.

Depuis Foscolo jusqu'à nos jours, l'Italie a produit encore des poètes aussi remarquables par leur civisme que par leur verve poétique; ce sera l'objet d'un second volume si l'on ne nous juge pas trop indigne d'un pareil travail.

ALFIERI

SA VIE ET SES ŒUVRES

ALFIERI

CHAPITRE PREMIER

SA VIE

S'il est des hommes comme Mozart et Victor Hugo qui, dès leur enfance, étonnent leurs contemporains et révèlent ce qu'ils seront un jour, il en est d'autres comme Alfieri qui, après s'être longtemps abandonnés au plaisir, ne trouvent que tardivement la voie qui doit les conduire à la célébrité.

Dans un volume écrit avec une entière sincérité et qui a parfois l'intérêt et les péripéties d'un roman, Alfieri nous a laissé l'histoire complète de sa vie. Nous ne l'y suivrons pas dans une longue suite d'aventures amoureuses, d'où il n'est pas toujours sorti à son honneur. Nous y chercherons principalement les renseignements indispensables pour faire apprécier son caractère et l'éclosion, aussi éclatante qu'inattendue, de son génie dramatique.

Le comte Victor Alfieri naquit à Asti le 17 janvier 1749. Il perdit son père lorsqu'il était encore enfant ; sa mère, veuve pour la deuxième fois, convola en troisièmes noces.

A l'âge de cinq ans, il fut confié aux soins d'un prêtre nommé Don Ivaldi qui lui enseigna, moins bien que mal, les éléments de la langue latine.

Son oncle, le chevalier Pellegrino Alfieri, au retour d'un voyage qu'il avait fait en France, en Hollande et en Angleterre, comprit, en homme intelligent, que l'éducation de son neveu avait été jusque-là fort défectueuse, et conseilla à sa mère de le mettre à l'académie de Turin, où il entra à l'âge de neuf ans.

Pendant les deux premières années, il fit très peu de progrès dans ses études et son corps, affaibli par le manque de sommeil et de nourriture suffisante, paraissait ne devoir prendre aucun développement. Il étudia la littérature et plus tard suivit les cours de jurisprudence; mais avec peu de profit, par suite de la mauvaise méthode d'enseignement qu'il qualifie d'asinesque ; il faut aussi avouer que ses folles dépenses et sa passion pour les chevaux le détournèrent d'une application sérieuse.

Après avoir terminé sa rhétorique, il fut admis à suivre les cours de philosophie, qui avaient lieu deux fois par jour à l'université de Turin, mais il ne s'y distingua que par une excellente mémoire, qui lui permettait de réciter machinalement ses leçons, presque aussitôt oubliées. Il y suivit en même temps le cours de mathématiques avec le même insuccès, sa tête étant, comme il le dit lui-même, absolument anti-géométrique.

Dès qu'il le put, il prit un grand plaisir aux représentations théâtrales, et la musique exerçait sur lui une telle influence que, plus tard, quand il se mit au travail, il n'écrivait bien ses tragédies qu'au sortir du grand opéra.

Il raconte comment, à la fin de ses études, il obtint son premier grade académique : le prieur, connaissant son ardent désir d'être admis à l'école de cavalerie, lui promit de le satisfaire s'il passait avec succès ses examens de physique, de logique et de géométrie. Alfieri s'empressa de prendre un répétiteur qui, en quinze ou vingt jours, lui apprit à la diable assez de définitions et de périodes latines pour lui permettre de répondre aux questions des examinateurs.

A partir de ce jour, il se livra à l'équitation avec beaucoup d'ardeur, ce qui lui acquit une santé robuste, et il entra pour ainsi dire dans une nouvelle existence, où le corps eut plus de part que l'esprit. « Quelquefois, dit-il, j'avais honte de mon ignorance, dont j'avais conscience et que je cherchais à dissimuler aux autres. Mais, ne pouvant m'appuyer sur aucune étude sérieuse, et ne connaissant bien aucune langue, je ne savais à quoi m'appliquer. Me bornant à la lecture de quelques romans français et à des conversations dans la même langue, j'en vins à oublier peu à peu le triste toscan que j'avais pu faire entrer dans ma tête pendant mes deux ou trois années d'études bouffonnes, d'humanités et de philosophie. »

C'est dans l'oisiveté et une dissipation continuelle qu'il passa les derniers dix-huit mois de son séjour à l'académie ; s'étant fait alors inscrire sur la liste des postulants pour un emploi dans l'armée, il fut compris en 1766 dans une promotion générale avec 150 autres jeunes gens et, bien que depuis une année il éprouvât un très grand refroidissement pour cette carrière, faute d'avoir retiré sa pétition, il lui fallut accepter la place de porte-enseigne du régiment de la province d'Asti. Cet emploi dans un régiment provincial, qui ne se réunissait que deux fois par année, lui laissait une entière liberté de ne rien faire, ce qui avait d'abord été cause de sa détermination, mais il ne tarda pas à s'y déplaire au point qu'il regrettait sa sortie de l'académie.

Ici se termine l'adolescence d'Alfieri, qu'il résume par ces trois mots : « infirmité, oisiveté, ignorance ».

Suivent dix années de jeunesse consacrées à des voyages dans les principales villes de l'Europe et à des aventures amoureuses.

En 1769, il eut l'occasion de se lier d'amitié avec Don José d'Acunha, alors ministre du Portugal en Hollande. C'était un homme d'un esprit distingué et très original, instruit, d'un caractère de fer et d'un cœur magnanime. Il donna à Alfieri d'excellents conseils et le fit rougir de sa vie oisive, ne comprenant pas qu'il n'ouvrît jamais un livre sérieux et qu'il ignorât les écrits des plus grands poètes de l'Italie, de ses meilleurs prosateurs et de ses philosophes.

C'est à partir de son voyage en Danemark, en 1770, qu'ayant eu l'occasion de comparer la langue gutturale des Danois avec le doux parler toscan, il prit plaisir à étudier quelques auteurs italiens, et tout d'abord les dialogues de l'Arétin, qui lui tombèrent sous la main, car jusqu'ici Alfieri avait peu étudié et ses voyages ne lui avaient pas profité.

En 1771, Alfieri se rendit pour la seconde fois à Londres, où le rappelait une liaison regrettable qu'il faillit payer de sa vie; puis il retourna en sa patrie en parcourant de nouveau l'Alsace, la Hollande, la France, l'Espagne et le Portugal.

Alfieri, à cette époque, se peint lui-même ainsi: « un caractère plein de résolution, obstiné et indomptable, un cœur débordant d'affections de tous genres, parmi lesquelles dominait l'amour et toutes ses furies, avec un mélange de bizarrerie, une haine profonde et des plus féroces pour toute espèce de tyrannie. »

En 1773, après avoir dissipé la première partie de sa jeunesse, soit dans de joyeuses sociétés avec d'anciens camarades, soit en se livrant à sa passion effrénée pour les chevaux, il rougit plus que jamais de son oisiveté et, pour dissiper l'ennui, suite infaillible de l'abus des plaisirs, il se livra à l'étude avec une ardeur qui depuis lors ne se ralentit jamais. Il avait encore une connaissance si imparfaite de la langue italienne, qu'il traça le plan de ses premiers essais tragiques en prose française.

En 1775, il travailla assidûment à une tragédie ayant pour titre *Cléopâtre*, qu'il appelle lui-même son œuvre infortunée. Après deux essais infructueux, il refit pour la troisième fois cette pièce, qui fut représentée sur le théâtre Carignan à Turin où, malgré ses défauts, elle fut accueillie par le public avec une grande indulgence.

Peu satisfait de son œuvre et impatient d'obtenir des palmes méritées, l'auteur de *Cléopâtre* prit le parti de recommencer ses études, et il fit serment de faire tous ses efforts pour posséder enfin le toscan aussi bien que le meilleur écrivain de l'Italie, car il était persuadé que du jour où il aurait acquis l'art de bien dire, il ne serait pas embarrassé pour bien concevoir et bien composer.

Il commença par deux tragédies, *Filippo* et *Polinice*, écrites d'abord en prose française, et qu'il s'agissait de traduire en vers italiens. Pour éviter toute espèce de distraction et se livrer aux études préparatoires qu'il jugeait indispensables, il quitta la ville et se retira pendant deux mois dans les montagnes qui séparent le Piémont du Dauphiné, dans un petit bourg appelé Cézannes. Pour se perfectionner dans l'usage de la langue italienne, il lut en entier la *Jérusalem délivrée*, le *Roland furieux*, puis les œuvres de Dante et de Pétrarque, en recueillant les expressions les plus remarquables de ces grands poètes. Mais ce qui lui plut davantage, ce fut *Ossian* traduit par Cesarotti qui, par l'originalité et la hardiesse de la versification, lui fournissait un modèle pour ses dialogues tragiques. Trouvant ses lectures insuffisantes, il apprit par cœur les plus beaux passages des poètes italiens, pensant qu'un jour viendrait où la forme et l'expression de ces maîtres se fondraient dans son cerveau pour lui permettre d'exprimer tous ses sentiments et toutes ses pensées.

En 1777, pour obtenir enfin la liberté d'écrire, que le

gouvernement ombrageux du Piémont refusait à tout auteur énergique, Alfieri se décida à s'expatrier et vint fixer son domicile à Florence.

En 1778, pour se débarrasser de tous les soucis qu'entraîne avec elle l'administration d'une grande fortune, et bien décidé à ne jamais se marier, Alfieri fit donation entière et irrévocable de tous ses biens à sa sœur, la comtesse de Cumiana, se réservant seulement, en dehors du contrat, une pension qui, d'abord fixée à 6000 livres, fut depuis élevée à 8000.

C'est à Florence qu'il rencontra cette belle et noble dame, la comtesse d'Albany qui, en le purifiant, devait occuper son cœur le reste de sa vie.

Comme il le dit lui-même, toutes les femmes pour lesquelles il s'était passionné jusque-là l'avaient détourné des études sérieuses et jeté dans de folles dissipations; cette fois, au contraire, il rencontrait dans la femme aimée un esprit élevé et l'amie qui lui servait d'aiguillon et lui inspirait les plus nobles conceptions.

De 1776 à 1783, il écrivit et publia 14 tragédies, qu'il fit réimprimer par Didot lors de son séjour à Paris en 1789, et dont nous parlerons, ainsi que de ses autres œuvres, dans le chapitre qui va suivre.

Irrité des critiques malveillantes que lui avait attirées en 1783 la publication de ses tragédies, et commençant à douter lui-même de la puissance de son imagination, il renonça à tout jamais au théâtre et se livra à l'étude du latin et surtout de la langue grecque avec une ardeur et une persévérance qui furent couronnées de succès; car parmi ses œuvres complètes se trouve la traduction estimée des classiques les plus célèbres.

Il était tellement enthousiaste de la langue grecque, qu'il créa l'ordre d'Homère et s'en fit lui-même chevalier.

Tourmenté par la goutte et en proie à une profonde mélancolie, il trouva une précieuse consolation dans l'amitié de l'abbé de Caluso, qu'il avait rencontré en 1772 pendant son voyage en Portugal, et qui lui demeura fidèle jusqu'à son dernier jour.

Tomaso di Caluso, membre de plusieurs académies italiennes et de l'Institut de France, était un des hommes les plus érudits de son temps. Il entretint avec Alfieri une correspondance très suivie, que nous avons sous les yeux, et à laquelle on a joint la lettre qu'il adressa en 1803 à la comtesse d'Albany, pour compléter le journal que le poète laissait inachevé. Nous en extrayons les passages suivants:

« La goutte, dont notre ami souffrait aux changements des saisons, l'avait saisi dès le mois d'avril avec d'autant plus de violence, qu'il était affaibli par l'excès de travail et la diète qu'il s'imposait pour atténuer le mal. Son médecin ordinaire crut devoir appeler un de ses confrères en consultation; l'opium, qui lui avait été administré, calma les douleurs du patient et lui procura une nuit plus tranquille, mais son cerveau était surexcité et il passa en revue tous ses travaux de trente années; chose plus étonnante, il récita un grand nombre de vers grecs du poète Hésiode, qu'il n'avait lu qu'une seule fois.

Le 8 octobre, il ressentit une oppression qui le suffoquait; cependant il eut la force de se lever, de s'approcher de son lit où il s'appuya, et peu d'instants après ses yeux s'obscurcirent et il expira. Ainsi nous fut enlevé ce grand homme dans la matinée du 8 octobre 1803, dans sa cinquante-cinquième année. »

Il repose aujourd'hui dans l'église de Santa Croce à Florence, auprès de Michel-Ange et d'autres hommes célèbres, dans un mausolée dû au ciseau de Canova.

Vittorio Alfieri est considéré en Italie comme un grand poète et un grand citoyen ; mais, nous avons le regret de le constater, si l'on ne peut douter de son patriotisme et si, pour fuir le despotisme qu'il flétrit dans plusieurs de ses tragédies, et dans son traité de la Tyrannie, il est allé chercher la liberté ailleurs que dans son pays natal, son Misogallo, sa correspondance et son autobiographie témoignent trop souvent de son antipathie pour notre langue et de son aversion pour la démocratie et la révolution française.

CHAPITRE II

SES ŒUVRES

Pendant les soixante années qui s'écoulèrent entre Maffei et Alfieri, le théâtre fut occupé exclusivement par les triomphes du drame lyrique sous la plume de Metastase.

La littérature italienne, sous le joug de l'absolutisme, ne jouissait d'aucune liberté, lorsque parut Alfieri; doué d'un esprit indépendant, il résolut de secouer l'apathie de ses contemporains et de lutter énergiquement contre le pouvoir politique qui les énervait; c'est à cela qu'il consacra toute sa vie littéraire, depuis les premières lignes qu'il jeta sur le papier, jusqu'aux tragédies qui devaient l'immortaliser.

Dans un voyage qu'il avait fait à Paris, il avait suivi avec intérêt les représentations de nos principaux chefs-d'œuvre dramatiques. Après avoir dit que les personnages secondaires le refroidissaient beaucoup et que cependant il était toujours attiré par l'excellence des acteurs, des pièces et des auteurs, Alfieri ajoute : « Les tragédies qui me convenaient le plus étaient *Phèdre, Alzire, Mahomet* et quelques autres. » Humilié de comparer la richesse de la France à la pauvreté de l'Italie, il eut dès lors la pensée qu'il pourrait un jour donner à sa patrie le grand poète tragique tel qu'il le concevait, et il raconte d'une manière originale comment se firent plus tard ses premiers essais : « Au mois de janvier 1774, tandis que je veillais auprès du lit où reposait ma maîtresse, ayant mis par hasard la main sur quelques feuilles de papier, je commençai, sans avoir aucun plan, à griffonner une scène. Je ne saurais dire si c'était d'une tragédie ou d'une comédie devant avoir un, cinq ou dix actes, où figurait un certain Fotino, une dame et une Cléopâtre, laquelle n'apparaissait qu'après un très long dialogue entre les deux autres personnages. Ne sachant comment appeler la dame, je lui donnai le nom de Lachesis, oubliant que c'était celui d'une des trois Parques. Cet essai me parut depuis d'autant plus étrange, que je connaissais à peine l'italien. »

Sans se faire illusion sur le mérite de cette œuvre, Alfieri avait résolu de persévérer, convaincu qu'il avait trouvé sa véritable vocation. On a vu dans le premier chapitre avec quelle énergie il étudia dans ce but le toscan et la versification italienne.

Nous devons maintenant faire connaître les modifications qu'il crut nécessaires de faire subir à la tragédie et comment il les justifiait: « Conformément à la méthode que j'ai constamment adoptée, mes tragédies ont un développement plus rapide que toutes celles représentées jusqu'ici. Si elles sont suffisamment intéressantes, il vaut mieux qu'elles ne se prolongent pas pour ne pas fatiguer l'auditeur ; si, au contraire, elles ne le sont pas, leur brièveté sera un plus grand bien, puisqu'il en résultera un moindre ennui. Je supprime d'une manière absolue tout récit, tout incident épisodique, tout bavardage qui ne sert pas au développement de la pièce, ce qui entraîne la suppression de tous les personnages qui ne sont pas strictement nécessaires, c'est-à-dire les confidents qui, n'ayant aucune importance par eux-mêmes, embarrassent l'action, ne peuvent jamais dire que des choses froides, inutiles et toujours inopportunes, quelles que soient les beautés mises dans leur bouche par les auteurs. Il faut de plus songer que ces rôles sont presque toujours confiés aux acteurs les plus médiocres, et même à Paris, où l'art de réciter est le plus perfectionné, ils excitent parfois les rires des spectateurs ; quand cette raison serait la seule, je crois que l'auteur ferait mieux de s'épargner la création de ces inutiles et fâcheux interprètes. » C'est en s'imposant rigoureusement cette méthode qu'Alfieri a écrit dix-neuf tragédies, dont voici les noms dans l'ordre de leur publication : *Filippo, Polinice, Antigone, Virginia, Agamemnone, Oreste, La congiura de' Pazzi, Don Garzia, Maria Stuarda, Rosmunda, Ottavia, Timoleone, Merope, Saül, Agide, Sofonisba, Mirrha, Bruto primo, Bruto secondo.*

Ces nombreuses tragédies prouvent une grande puissance de conception; car, si la plupart d'entre elles ont été écrites sur des sujets déjà traités, l'auteur a su leur donner une évidente originalité et six lui appartiennent exclusivement, ce sont: *La congiura de' Pazzi Don Garzia, Maria Stuarda, Saül, Rosmunda et Mirrha.*

Sans admettre toutes les critiques qu'a rencontrées en Italie l'œuvre d'Alfieri, on ne peut nier qu'il s'y trouve parfois des défauts et de grandes inexactitudes. On lui reproche l'uniformité des plans, l'exagération des passions, l'excessive concision, la dureté et parfois l'obscurité du style. Il est vrai qu'il résulte souvent un grave inconvénient du nombre trop restreint des personnages. Ainsi, pour ne citer qu'un exemple: dans l'*Antigone* d'Alfieri tout se borne, pendant quatre actes, à des dialogues plus ou moins animés entre Creon, Emon, Antigone et Argia, qui occupent seuls la scène; l'action ne commence guère qu'au dernier acte, c'est-à-dire au dénoûment. On peut objecter peut-être que dans *Sophocle*, qui a traité le même sujet avec une grande supériorité, on trouve à peu près le même nombre de personnages, mais il ne faut pas oublier que le chœur jouait un rôle très important dans le théâtre des Grecs et donnait à la scène une grande animation.

Quant au style, il est encore vrai que l'abus des élisions, la construction laborieuse et embarrassée de certains passages rendent les vers du tragique italien parfois obscurs et exigent de l'auditeur une attention trop soutenue. Mais il faut reconnaître que ses caractères, diversifiés selon les circonstances, sont bien tracés, ne se démentent jamais et que, sans avoir recours aux confidents, notre auteur met, dès la première scène, l'auditeur en parfaite intelligence du sujet, qui se développe avec régularité, en suivant une progression facile et naturelle, de manière à produire au dénoûment le plus grand effet possible.

Nous donnons plus loin la traduction de plusieurs fragments de *Mirrha* et de *Saül*. Si nous avons fait choix de *Mirrha*, c'est que nous pensons, comme la comtesse d'Albany à laquelle cette tragédie est dédiée, qu'elle est remarquable entre toutes par la difficulté vaincue; il a fallu en effet beaucoup d'art pour faire accepter sur la scène, et pour rendre aussi intéressant et aussi digne de pitié l'amour incestueux d'une fille pour son père. Quant à *Saül*, nous n'avions pas à hésiter, car, de l'avis de tous, c'est le chef-d'œuvre de la Melpomène italienne.

Après avoir traduit plusieurs comédies de Térence et d'Aristophane, Alfieri résolut de s'essayer dans le même genre, afin de combattre par le ridicule la tiédeur politique de ses compatriotes, et il écrivit six comédies; mais il n'avait pas le vers facile, l'enjoûment et le naturel qu'exige ce genre, aussi ces pièces, nulles pour la scène, ne figurent que dans les bibliothèques.

La collection des œuvres complètes d'Alfieri comprend en outre l'histoire de sa vie, des traductions de Salluste, de l'Enéide, de plusieurs tragédies grecques et de comédies latines; un traité de la tyrannie, un poème intitulé l'Étrurie, dont le héros est Laurent de Médicis; un volume contre les Français intitulé *Misogallo,* partie en vers, partie en prose; plusieurs satires, un panégyrique adressé par Pline à Trajan, un commentaire sur ses propres tragédies, des lettres et des poésies diverses.

EXTRAITS
DE LA MYRRHA D'ALFIERI

A LA COMTESSE D'ALBANY

EN LUI DÉDIANT CETTE TRAGÉDIE

SONNET

Honteux de n'avoir pas sur mon recueil tragique,
Que tu connais si bien, déjà volumineux,
Ma noble dame, inscrit encor ton nom, je veux,
Pour réparer ce fol oubli, que rien n'explique,

En faire l'ornement de l'œuvre que m'indique
Ton moindre déplaisir, bien que, du jour heureux
Qui, me régénérant, nous unit tous les deux,
Tous mes vers aient leur source en ton cœur sympathique.

L'amour inconscient, autant que monstrueux,
De Myrrha pour son père, attristant tes beaux yeux,
A toujours fait couler tes pleurs ; j'en dois conclure

Que mon cœur hésitant, longtemps silencieux,
Se prononçant enfin, ne saurait faire mieux
Que de te consacrer sa funeste aventure.

MYRRHA

ACTE CINQUIÈME

SCÈNE PREMIÈRE

CYNIRAS, *seul*.

. . . .
. . . .

Enfin elle paraît. Grands dieux! comme elle tremble!
Comme sa marche est lente et difficile!... il semble
Qu'en s'offrant à mes yeux elle marche à la mort.

SCÈNE II

CYNIRAS, MYRRHA

CYNIRAS

Que vous fouliez aux pieds mon honneur, c'est un tort
Que je n'aurais jamais cru possible, ma fille,
Si ce jour, trop fatal à toute ma famille,
Ne m'en eût convaincu; mais ce n'est point assez:
A mes ordres formels si vous obéissez
Ce n'est qu'après avoir osé les méconnaître.

MYRRHA

Ma vie est à vous seul,... vous en êtes le maître...
De mes graves erreurs... moi-même... récemment
Je vous ai demandé... le juste châtiment...
Ici... devant ma mère... et j'étais résignée...
Pourquoi... dans ce moment... m'avez vous épargnée?

CYNIRAS

Il est temps ou jamais que vous agissiez mieux,
Myrrha, pourquoi ces mots entrecoupés, ces yeux
Qui, toujours assombris, craintifs en ma présence,
Ne quittent plus la terre?... avec trop d'évidence
Votre honte apparaît à travers la douleur.
Vous vous sentez coupable; et mon plus grand malheur
C'est que vous me cachiez le mal qui vous dévore.
Par là vous méritez, plus criminelle encore,
Que mon cœur irrité se détache à jamais
De mon unique enfant, du seul bien que j'aimais...
Mais tu pleures, Myrrha... redoutant ma colère
Tu frémis... tu te tais... ah! la douleur d'un père
Est donc un châtiment trop pénible pour toi?

MYRRHA

Ah! père, que... la mort

CYRINAS

Ma fille, écoute-moi
De ton fatal hymen l'issue inexplicable

A fait de tes parents, de toi-même, la fable
De l'univers. Déjà cet outrage cruel
De Pérée a tranché les jours...

MYRRHA

Qu'entends-je!... ô ciel...

CYNIRAS

De cet infortuné la mort est trop certaine,
Et c'est toi qui le perds!... il nous quittait à peine
Accablé de douleur, blessé profondément,
Il s'était retiré dans son appartement.
Personne dès l'abord n'avait osé le suivre..
J'y vins trop tard, hélas!... il finissait de vivre...
Percé de son épée et baigné dans son sang
Il éleva vers moi son regard languissant,
Et parmi les sanglots, sur sa lèvre livide
Je recueillis encor ces mots: « Myrrha, perfide! »

MYRRHA

Pitié!... seule... j'avais mérité de mourir,
Et c'est moi qui survis!...

CYNIRAS

Tout ce que doit souffrir
Son père infortuné, je puis seul le décrire,
Moi, père... et malheureux comme lui... je puis dire

Quels sont en ce moment sa haine, son courroux
Et son ardent désir de se venger de nous.
Je veux, non par effroi de sa juste colère,
Mais ému de pitié pour le fils, pour le père,
Je veux savoir, Myrrha, — je l'exige instamment
Quelle cause amena cet affreux dénoûment.
Tu la caches en vain, tu te trahis toi-même...
Ces mots entrecoupés, cette pâleur extrême,
Ces soupirs étouffés, ce feu qui lentement
Te consume, ta honte et ton égarement,
Tout prouve — et désormais vainement tu le nies —
Tout prouve que ton cœur est en proie aux furies
Qu'engendre seul l'amour...

MYRRHA

     Moi ! de l'amour... grands dieux :
Ah ! ne le croyez pas...

CYNIRAS

      Il éclate à mes yeux,
Et, pour nous le cacher avec tant de prudence,
Il faut que cet amour — c'est pour moi l'évidence —
Soit indigne de nous...

MYRRHA

     Quoi ! vous me soupçonnez !
Quoi ! votre fer m'épargne et vous m'assassinez
De vos cruels discours...

CYNIRAS

                    Tu n'oses plus prétendre
Que tu n'as pas d'amour... tu me ferais entendre
Les plus graves serments, que je t'accuserais
De parjure. Et qui donc put mériter jamais
Ton cœur, que n'obtint pas l'amant incomparable,
Le généreux Pérée? Ah! le remords t'accable,
Tu trembles, tu rougis, ta honte en ce moment
Sur tes traits altérés se peint si fortement
Qu'ils te démentiront si ta lèvre le nie.

MYRRHA

Voulez-vous donc me voir mourir d'ignominie?

CYNIRAS

Et toi, veux-tu briser, empoisonner les jours
D'un père qui t'adore, en m'opposant toujours
Ce silence inutile et qui me désespère?
Bannis toute frayeur; oui, je suis encor père;
Quel que soit ton secret, sois sincère, Myrrha,
Et je braverai tout, rien ne me coûtera,
Pourvu que désormais je te retrouve heureuse.
J'ai vu, je vois encor la lutte généreuse,
Horrible que ton cœur, en proie au désespoir,
Soutient contre l'amour et contre le devoir;
Pour sauver ton honneur tu t'immoles toi-même;
Je te sais gré déjà de cet effort suprême

Et si l'amour, qu'en vain tu voudrais maîtriser,
Triomphe encor de toi, je te puis excuser.
Des grandes passions je connais la puissance,
Mais je dois condamner ta désobéissance :
Lorsqu'un père conjure, ordonne de parler,
Refuser plus longtemps de lui tout révéler
Rend indigne d'excuse.

MYRRHA

                Oh! mort qu'en vain j'appelle,
Seras-tu toujours sourde à ma douleur cruelle !

CYNIRAS

Calme-toi, mon enfant, tu me crois irrité,
Mais je ne le suis plus ; ton indocilité
Seule pouvait encor réveiller ma colère ;
Parle-moi librement comme on parle à son frère,
J'eus aussi mes amours... le nom de ton amant ?

MYRRHA

Puisque vous m'y forcez, oui, j'aime éperdûment
Et j'aime sans espoir, mais celui que j'adore
Nul ne le doit connaître, et lui-même il l'ignore.
Ah! que ne puis-je aussi me le cacher !

CYNIRAS

                              Je veux
Et je dois le savoir, ma fille, tu ne peux
Toi, notre unique enfant, t'offrir en sacrifice
Sans nous faire subir un plus affreux supplice.

Vois ton père épuisé de douleur et d'effroi,
Réduit à supplier, à pleurer devant toi;
Si tu meurs, notre mort suivra de près la tienne.
Ton amant, quel qu'il soit, je veux qu'il t'appartienne.
Dans mon cœur paternel mon vain orgueil de roi
Ne saurait ébranler ma tendresse pour toi.
Ton amour et ta main, l'éclat de ma couronne
Peuvent bien ennoblir la plus humble personne;
Si bas qu'il soit placé, d'ailleurs, l'aimerais-tu
S'il n'était pas déjà digne par sa vertu
De ce rang élevé? Parle, je t'en conjure,
Et je te sauverai... je le veux, je le jure.

MYRRHA

Vous, me sauver... grands dieux! loin d'adoucir mon sort,
Votre fatal serment précipite ma mort.
Laissez-moi... par pitié... plus tard... je suis perdue...
Laissez-moi... pour jamais... fuir loin de votre vue.

CYNIRAS

Myrrha, ma chère enfant, reconnais ton erreur,
Viens dans mes bras, ma fille... ô ciel! avec horreur
Tu repousses ton père... est-il donc haïssable?
Ou ton amour est-il si vil, si méprisable....

MYRRHA

Mon amour n'est pas vil, mais impie... et jamais...

CYNIRAS

J'en suis le premier juge et, si je le permets,
Qui peut le condamner? parle donc sans mystère.

MYRRHA

Vous verriez reculer d'épouvante... le père
Si jamais Cyniras... savait...

CYNIRAS

Qu'ai-je entendu!

MYRRHA

Que dis-je... sais-je, hélas! ce que j'ai répondu?
Non, je n'ai pas d'amour... Oh! non, je vous le jure...
Pour la dernière fois, pitié... je vous conjure...
Laissez-moi fuir...

CYNIRAS

Ingrate, oh! c'est trop différer.
Puisque tu ne crains pas de me désespérer,
Que tu te fais un jeu de ma douleur amère,
Sois privée à jamais de l'amour de ton père.

MYRRHA

O menace terrible, impitoyable! Eh quoi!
Quand la mort est déjà prête à fondre sur moi,

Votre cruel mépris vient s'ajouter encore
A tant d'autres tourments, au mal qui me dévore !
Bienheureuse ma mère !... oui, le sort moins jaloux
Lui permet... de mourir... dans vos bras...

CYNIRAS

Que dit-elle ?
Ce regard, ces accents, tout ici me révèle
Un horrible mystère... impie... est-ce bien toi...

MYRRHA

O malheur ! Qu'ai-je dit ? Tout est fini pour moi...
Où fuir ? où me cacher ? O mort inexorable !
Ah ! du moins votre épée est pour moi secourable...

(Elle se frappe avec l'épée de Cyniras, qu'elle a saisie
précipitamment.)

CYNIRAS

Ma fille... qu'as-tu fait ?... ce glaive...

MYRRHA

Le voici.
Aussi prompt que ma voix, mon bras a réussi.

CYNIRAS

Plein d'horreur... de colère et de pitié pour elle,
Je demeure atterré !... je tremble, je chancelle.

MYRRHA

O Cyniras! je sens que la mort va venir...
Vois, j'ai su te venger... et j'ai su me punir...
Si tu connais enfin cet odieux mystère,
N'en accuse que toi... moi, je voulais me taire
Tu l'as violemment arraché de mon cœur...
Et ce qui rend... pour moi... moins grand le déshonneur,
C'est qu'au moins mon secret n'en sort qu'avec ma vie.

CYNIRAS

O jour fatal! ô joie à tout jamais ravie!
Sur qui verser des pleurs?

MYRRHA

                    Ne pleure pas sur moi,
Je ne mérite pas ta pitié... hâte-toi...
Fuis ma présence infâme et que Cecris ignore...

CYNIRAS

Malheureux père... Eh quoi! la terre tarde encore
A s'ouvrir sous mes pas... je n'ose secourir
Cette impie... et pourtant dois-je laisser mourir
Ma fille sans secours?...

SCÈNE III

CYNIRAS, MYRRHA, CECRIS, EURICLÉE

CECRIS

Quelle plainte mortelle!...

CYNIRAS

Grands dieux! n'approche pas.

(Il court vers Cecris, l'empêche d'approcher et lui dérobe la vue de Myrrha mourante.)

CECRIS

Ma fille...

MYRRHA

Qui m'appelle? Cette voix...

EURICLÉE

O malheur! Dans son sang étendue Myrrha se meurt...

CECRIS

Ma fille...

CYNIRAS

      Arrête...

CECRIS

        Elle est perdue...
Elle expire... comment?... par qui?... je veux la voir.

CYNIRAS

Crois-moi, n'approche pas.., tremble de le savoir...
Éloignons-nous d'ici... viens... elle s'est frappée
Elle même... son sang souille encor mon épée...

CECRIS

Et tu laisses ainsi ta fille... moi, je veux...

CYNIRAS

Elle n'est plus ma fille... ah! d'un amour affreux.
Infâme... elle brûlait pour... Cyniras.

CECRIS

       L'impie!

O ciel! Qu'ai-je entendu!

CYNIRAS

      Suis-moi, je t'en supplie,
Loin d'elle allons mourir de honte et de douleur.

CECRIS

Ma fille...

CYNIRAS

Viens, te dis-je, il le faut.

CECRIS

(Au moment ou Cyniras l'entraîne.)

O malheur !
Je ne pourrai donc plus la voir, l'infortunée,
L'embrasser désormais...

SCÈNE IV ET DERNIÈRE

MYRRHA

Horrible destinée
Tu le vois, Euriclée, il fallait m'obéir...
Quand je te demandais une arme pour mourir...
Tu vois combien alors... pour moi... tu fus cruelle...
Je mourais innocente... et je meurs criminelle !

FRAGMENT
DE SAÜL D'ALFIERI

ACTE QUATRIÈME

SCÈNE IV

SAÜL, JONATHAN, ABNER, AHIMELEC

ABNER. (Il entre suivi d'Ahimelec.)

Roi, si je viens avant que des ruisseaux de sang
Ne coulent sous mon glaive, un intérêt puissant
M'y contraint : ce héros si jaloux de sa gloire,
Ce David, qui devait assurer ta victoire,
Nul ne le trouve ! une heure à peine manque au temps
Marqué pour le combat. De toutes parts entends
S'élever dans les airs les chants, les cris de guerre
Du soldat frémissant d'ardeur ; entends la terre
S'ébranler sous le fer des coursiers écumants.
Ce tumulte, ces cris, ces longs hennissements,
Ces appels du clairon, ces armures splendides,
Tout enflamme déjà les cœurs les plus timides.

Mais David, qui le voit? Nous le cherchons en vain.
Regarde cependant, secours vraiment divin,
Qui le remplace au camp; tu peux le reconnaître
Au lin blanc et moelleux de sa robe de prêtre;
Il se cachait tremblant au camp de Benjamin,
Le voici. Pour braver les périls du chemin
Il lui faut un motif puissant qu'il va t'apprendre.

AHIMELEC

Si le courroux du roi lui permet de m'entendre,
Je dirai...

SAÜL

Mon courroux... tu l'as donc mérité?
Je te connais, je crois... oui, Rama t'a compté
Parmi ses faux docteurs, ses voyants hypocrites.

AHIMELEC

Revêtu de l'éphod et prince des lévites,
Après tant d'hommes saints, élus par le Seigneur,
Du pontife Aaron je suis le successeur.
Moi, je me tiens à Nob, près de l'arche sacrée.
Cette arche dans ton camp est longtemps demeurée;
Mais c'est trop aujourd'hui qu'un ministre de Dieu
Y pénètre en secret. Sa place est en tout lieu
Où combat Israël si, gardant sa mémoire,
En Dieu, comme autrefois, vous cherchez la victoire.
Tu ne me connais plus; en dois-je être étonné?
Et toi, te connais-tu? toi qui t'es détourné

Du sentier qui conduit au Seigneur. Je préside
Aux soins du tabernacle où ce grand Dieu réside,
Où depuis si longtemps Saül n'est plus venu;
J'ai nom Ahimelec...

SAÜL

Oh! je t'ai reconnu
Maintenant, et ton nom est bien celui d'un traître;
A propos devant moi je te vois reparaître...
Parle, n'est-ce pas toi qui, trompant mon courroux,
As recueilli David, l'as soustrait à mes coups?
C'est toi qui lui donnas des armes et lesquelles!
Le fer du Philistin, que tes mains infidèles
Du tabernacle saint ont osé détacher
Pour en ceindre un proscrit qui s'y venait cacher,
Pour en armer David, ennemi de ton maître,
Du seul roi qu'aujourd'hui tu devrais reconnaître.
Si tu viens dans mon camp, ce n'est pas sans raison:
C'est pour y consommer ta noire trahison,
Tout le prouve....

AHIMELEC

Vraiment la trahison est noire!
Car je viens en ces lieux implorer la victoire
Pour tes armes, que Dieu désavoue aujourd'hui.
Oui, c'est moi qui, trouvant un David sans appui,
Osai le recueillir au sein de ma famille.
Mais quel est ce David? c'est l'époux de ta fille,
Des enfants d'Israël c'est le plus valeureux,
Le plus beau, le plus juste et le plus généreux.

N'est-il pas dans les camps ta plus ferme assurance,
Et son chant, dans la paix, n'a-t-il plus d'influence
Sur ton cœur? C'est l'amour des filles de Sion,
C'est la joie et l'espoir de notre nation,
L'effroi des ennemis. Voilà celui que j'aime,
Celui que j'ai sauvé... mais aujourd'hui toi-même,
Lui rendant ses honneurs, ne le choisis-tu pas
Pour guider nos soldats, ramener sur leurs pas
La victoire et calmer la peur de la ruine
Qu'entretient dans ton cœur la colère divine?
Tu ne peux condamner ma générosité
Sans t'accuser...

SAÜL

J'admire en vérité
D'où vous vient tout à coup cette âme charitable,
Pontifes sans pitié, dont l'orgueil implacable
Eut toujours soif de sang. Ne fus-je pas maudit
Par Samuël pour avoir soustrait à l'interdit
Le chef amalécite, un prince magnanime
Qui, montrant pour son peuple un dévoûment sublime,
Fut pris en combattant? Ce prince infortuné,
Le corps chargé de fers, devant moi fut traîné.
Sans implorer merci, m'épargnant tout outrage,
Agag, quoique vaincu, sur son noble visage
D'un roi montrait encor la tranquille fierté.
Seul, de tant de courage aussitôt irrité,
Samuel plongea trois fois dans ce cœur sans défense
Le fer sacerdotal. Pontifes sans clémence,
Voilà bien les combats que vous savez livrer!
Mais qu'un sujet rebelle ose un jour conspirer

Contre son souverain, et votre race hostile
Lui sert de bouclier, lui procure un asile.
Perfides! je le sais, pour vos cœurs criminels
Il est bien d'autres soins que celui des autels.
Et qu'êtes-vous? sinon un troupeau sans courage
Qui, fuyant nos périls, en rit et nous outrage;
De vils efféminés qui, de lin revêtus,
Prétendez triompher de nos mâles vertus.
Quoi! lorsque pour vos fils, vos femmes et vous-mêmes,
Nous affrontons la guerre et ses luttes suprêmes,
Quand nous passons nos jours dans le sang et le deuil
Lâches! vous espérez dans votre fol orgueil
Voir se courber nos fronts et le glaive intrépide
Sous les chants du lévite et sa verge timide!

AHIMELEC

Et toi, qu'es-tu, Saül? Tu règnes en ce lieu
Oui, mais sonde tes reins, qu'est un roi devant Dieu
Sinon un vil amas de poudre couronnée?
Sans lui je ne suis rien, mais qu'en cette journée
Ce Dieu qui te créa descende dans mon cœur,
Et je suis l'ouragan et le foudre vengeur.
Que son regard te fixe et tu n'es que poussière.
Crains de défendre Agag, crains que ton âme altière
Ne suive le torrent de son iniquité!
Dieu, pour punir un roi de sa perversité,
N'a-t-il que les combats, et rien sans sa puissance
Se fait-il? Sur le marbre il grave sa vengeance,
Il peut la confier au bras du Philistin
Comme au bras d'Israël. Tremble pour ton destin

O Saül, car déjà, du fond des noirs orages,
De ses ailes de feu menaçant ces rivages,
L'ange de mort accourt; d'une main il brandit
Son épée et de l'autre il tient ton front maudit,
Prêt à frapper. Saül, on te pousse à ta perte :
Abner, par qui ton âme au soupçon s'est ouverte.
Ce frère de Satan, ce lâche meurtrier,
De Saül, noble prince et valeureux guerrier,
Fait un enfant débile ; Et toi, dans ta démence,
Tu prives ta maison de sa seule défense,
Tu rejettes bien loin son véritable appui.
Où donc est la maison de Saül aujourd'hui ?
Construite sur les eaux, elle tombe, s'efface,
Et rien n'en reste plus pour en marquer la place.

SAÜL

Prophète de mon deuil, tu n'as pas vu le tien,
Puisque en venant au camp tu n'en soupçonnes rien.
Moi, je te puis ici prédire ton supplice.
Va, mon fidèle Abner, que son sort s'accomplisse ;
Que le plan de David à l'instant soit changé,
Dans un piège odieux il m'avait engagé.
On combattra demain au lever de l'aurore,
Je veux que le soleil tout radieux encore
Éclaire mon triomphe. A dessein, je le vois,
Pour marquer mon déclin, David avait fait choix
De la chute du jour ! vain espoir ! Ta menace
Me ranime et m'inspire une invincible audace.
Demain je suis le chef ; pour frapper sans merci
Mon bras n'aura pas trop d'un jour. Mais loin d'ici
Qu'on entraîne cet homme, Abner, et qu'il périsse...

JONATHAN

Mon père, que fais-tu?

SAÜL

Tais-toi, qu'on obéisse,
Et que d'Ahimelec le sang vil répandu
Sur l'ennemi retombe...

ABNER

Il meurt, il est perdu.

SAÜL

Mais seul Ahimelec est peu pour ma vengeance;
Porte à Nob ma colère et frappe sans retard
L'esclave et le troupeau, l'enfant et le vieillard;
Par le fer et le feu, détruis toute leur race
Et que le vent du soir n'en laisse point de trace;
Tes prêtres à bon droit pourront dire demain:
« Un Saül a régné. » Dans tous les temps, ma main,
Si souvent provoquée, a laissé sans vengeance
Vos actes criminels, de là votre insolence...

AHIMELEC

Je mourrai de la mort des justes, aucun roi
Ne saurait me l'ôter; aussi mourir, pour moi,
Est doux et glorieux, mais la fin misérable
Que Dieu vous destinait devient irrévocable:

Abner et toi Saül, vous mourrez tous les deux
Lâchement, sous les coups d'un fer inglorieux
Et non dans le combat. Marchons donc au supplice.
J'ai dit les derniers mots que Dieu dans sa justice
Fait entendre à l'impie; il brave son pouvoir:
Je puis mourir en paix, j'ai rempli mon devoir.

SAÜL

Qu'on entraîne à l'instant ce pontife rebelle
Et que sa mort soit lente, Abner, lente et cruelle.

ACTE CINQUIÈME

SCÈNE PREMIÈRE

MICAL, DAVID

MICAL

Viens, ô mon bien-aimé; déjà la nuit s'achève,
Déjà du sein des camps un bruit confus s'élève.
La bataille se livre au lever du soleil,
Cependant près du roi plongé dans le sommeil
Tout est muet encor. Oh! vois, le ciel sans doute
Nous protège; la lune à la fin de sa route
Sous un nuage épais voile ses derniers feux,
Nul regard importun ne nous suit en ces lieux.
Par cet étroit sentier fuyons d'un pas rapide,
Fuyons, que loin des camps la main de Dieu nous guide.

DAVID

O toi, qui de mon âme es la plus noble part,
Qu'as-tu dit? quoi! David se tiendrait à l'écart?
Quoi! David paraîtrait accessible à la crainte
Quand l'armée est debout au pied de l'arche sainte?
Dût Saül me frapper, je ne partirai pas
Avant que l'ennemi n'ait payé mon trépas.

MICAL

Ce que tu ne sais pas, David, c'est que mon père
A déjà dans le sang abreuvé sa colère :
Ahimelec n'est plus !

DAVID

Quoi ! son glaive maudit
Se tourne contre un prêtre ?

MICAL

Et je n'ai pas tout dit,
Car Abner, empressé d'obéir à son maître,
Doit, si dans la bataille on te voit apparaître,
Diriger contre toi nos armes.

DAVID

Crois-tu bien
Que Jonathan le souffre ?

MICAL

Hélas ! il ne peut rien,
Car lui-même, aussitôt outragé par mon père,
Fuit en désespéré son injuste colère
Et près des Philistins cherche déjà la mort.
Tu le vois, il nous faut, acceptant notre sort,
Attendre loin d'ici que la raison revienne
A mon père plus calme, ou que sa fin survienne,

O mon père! c'est toi, c'est ton aveuglement
Qui m'arrache un tel vœu, mais j'en fais le serment,
Ta fille ne veut pas ta perte: vis encore,
Vis heureux, s'il se peut; pour moi, ce que j'implore,
Et cela me suffit, mon sort est assez doux,
C'est qu'on me laisse en paix aux bras de mon époux.
Viens David, partons, viens.

DAVID

      Cruelle destinée
Qui tient loin du combat ma valeur enchaînée!
Un esprit inconnu me crie au fond du cœur:
« Malheur sur Israël et sur son roi, malheur! »
Que ne puis-je... mais non, cette fatale enceinte
Du sang pur de Lévi sans doute est encor teinte;
Ce sol par l'Éternel désormais est maudit,
Tout combat à David y doit être interdit.
Il me faut donc, Mical, céder à tes alarmes;
Tu le vois, ton amour a fait tomber mes armes,
Exauce aussi mon vœu, ne m'accompagne pas.

MICAL

Moi te quitter! jamais: je m'attache à tes pas
Rien ne peut désormais nous séparer.

DAVID

       Écoute:
Ton pied trop délicat pour cette longue route
Retarderait le mien; sur des rochers cruels,
Que n'a jamais foulés la marche des mortels,
Il me faut m'éloigner par une prompte fuite

Si tu veux que du roi j'évite la poursuite ;
Ce trajet périlleux serait trop long pour toi,
Au milieu des déserts pourrais-je, ô réponds-moi,
Alors te laisser seule? Il faudrait donc attendre
Et bientôt par ta faute on viendrait nous surprendre,
Bientôt tu nous verrais traînés aux pieds du roi
Et sa fureur... ô ciel, j'y songe avec effroi !...
Mais supposons encor que tout nous réussisse,
Se peut-il désormais que ma main te ravisse
Aux pleurs de ton vieux père? Il faut qu'un tendre appui
Parmi l'horreur des camps le soutienne aujourd'hui.
Oh! reste à son côté, toi seule peux encore
Opposer la douceur au mal qui le dévore,
Toi seule par tes soins peux prolonger ses jours.
En vain il veut ma mort... moi je prierai toujours
Pour que le ciel protège et sa vie et ses armes...
Mais en ce jour pour lui mon cœur est plein d'alarmes.
Tu fus fille, Mical, avant que d'être à moi,
Ce lien est sacré non moins que notre foi ;
Heureuse de me voir éviter sa colère,
Ne va pas en fuyant désespérer ton père.
Sitôt que tout danger disparaîtra, l'avis
En volera vers toi... puis bientôt, réunis,
Nous oublierons, j'espère, un si cruel martyre.
Tu dois penser, Mical, si mon cœur se déchire
En te quittant ainsi ; cependant, tu le vois,
Il le faut.

MICAL

      Jour fatal! comment une autre fois
Perdre tout ce que j'aime? au gré du sort contraire

Te faut-il fuir encor de repaire en repaire ?
Si je pouvais du moins partager ton destin,
J'adoucirais pour toi les horreurs du chemin ;
Permets...

DAVID

    Je t'en conjure et je l'ordonne même,
Si l'on peut ordonner à la femme qu'on aime,
Laisse-moi partir seul, car en suivant mes pas
Tu me perds et, crois-moi, si déjà mon trépas
N'est pas fixé par Dieu, je ne dois plus attendre.
De la tente voisine on pourrait nous entendre
Et prévenir le roi... jusqu'au moindre sentier
Ces monts me sont connus et j'y puis défier
Le pied le plus agile. Adieu, l'heure s'avance,
Prends mon dernier baiser. Je pars, la Providence
Veille encor sur tes jours... demeure près du roi
Jusqu'à ce que le ciel m'ait rapproché de toi.

MICAL

Quoi ! ton dernier baiser... oh ! finisse ma vie...
Mon cœur se brise...

DAVID

    Hélas !... Sois calme, je t'en prie...
Que Dieu donne à présent des ailes à mes pieds !

SCÈNE II

MICAL

Il part... ah! suivons-le... mais d'où vient que liés
Mes membres tout à coup demeurent immobiles?
C'en est fait, je m'épuise en efforts inutiles...
Le suivre désormais est-il en mon pouvoir?
Je le perds de nouveau, dois-je encor le revoir?
Jusqu'à ce jour pour moi fut-il un hyménée?
Non, non, père cruel, ta fille infortunée
N'existe plus pour toi... je suivrai mon époux...
Mais hélas! mon départ le livre à ton courroux!
Je le sens désormais... trop tôt rejoints sans doute,
Mes pas ne serviraient qu'à dévoiler sa route...
Ah! quel fracas soudain s'élève au sein des camps!
Oui... j'entends bien au loin le fer des combattants,
Le bruit sourd des clairons, du coursier plein d'audace
Voilà bien le galop... quel malheur nous menace?
Pour combattre, Saül n'attend-il plus le jour?
Qui sait! en ce moment assaillis tour à tour
Mes frères, ô grand Dieu! dans cette nuit fatale...
Mais qu'entends-je? du sein de la tente royale
De longs gémissements s'élèvent dans les airs...
Monarque infortuné! pour le charger de fers
Peut-être on le poursuit... qui vient là?... c'est lui-même...
Quel spectale; grand Dieu! son désordre est extrême,
Mon père...

SCÈNE III

MICAL, SAÜL

SAÜL

Ombre irritée, apaise ton courroux,
O pitié! tu le vois, j'embrasse tes genoux...
Où fuir, où me cacher? Ombre horrible, inhumaine,
De grâce, éloigne-toi .. mais ma prière est vaine,
Partout elle me suit... puissé-je en ce moment
Voir le sol entr'ouvert m'engloutir tout vivant!
J'échapperais du moins au regard sanguinaire
Qui me perce le cœur...

MICAL

Pourquoi fuir, ô mon père!
Car nul ne te poursuit... mais ne me vois-tu pas!
Ne sais-tu qui je suis!

SAÜL

Tu veux donc que mes pas
Se fixent en ces lieux, pontife vénérable?
Tu l'exiges, ô toi, mon père véritable!
Je m'abaisse devant tes saints commandements,
C'est toi qui sur mon front posas ces ornements,
Samuel, fais-en tomber la couronne royale,

Brise-la sous tes pieds... mais que ta main fatale,
Déjà prête à servir la vengeance de Dieu,
Laisse échapper aux coups de ton glaive de feu
Non Saül, mais ses fils, dont l'âme encor fidèle
Réprouve mes forfaits...

MICAL

Infortune cruelle
Qui n'eut jamais d'exemple! Ah! sans doute l'effroi
Égare ton esprit... mon père, écoute-moi...

SAÜL

O joie! enfin tes traits m'annoncent la clémence,
Ma prière a-t-elle eu sur toi quelque influence?
Je m'attache à tes pieds, je ne les quitte pas
Que tu n'aies arraché mes enfants au trépas...
Qu'entends-je? Oh! quelle voix: « Tu fus aussi le père
De David et pourtant il subit ta colère,
Tu demandas sa mort. » Quel horrible tourment!
Arrête... par pitié... sans perdre un seul moment
Courez, cherchez David... qu'il vienne... j'abandonne
Au gré de ses désirs ma vie et ma couronne...
Qu'il règne... mais du moins qu'il épargne mes fils!
Mais c'est en vain... de sang je vois tes yeux remplis
Ton épée est en feu... ta narine enflammée
Vers moi laisse échapper une épaisse fumée...
Déjà j'en suis atteint... elle m'embrase... où fuir!
De ce côté peut-être?

MICAL

       Oh! pour le retenir
Que faire, hélas! comment apaiser son délire?
De grâce... écoute... ici...

SAÜL

       Contre moi tout conspire,
Un grand fleuve de sang arrête ici mes pas...
O spectacle d'horreur! d'effroyables amas
De cadavres récents recouvrent chaque plage,
Ici tout n'est que deuil... par un autre passage
Fuyons... mais quels objets réveillent mon effroi!
— « Nous sommes les enfants d'Ahimelec... et moi
Je suis Ahimelec... ô mort, sois implacable,
Frappe Saül! » Quels cris! c'est le sang lamentable
Des victimes de Nob qui réclame mon sang.
Mais d'où vient qu'en arrière un effort tout-puissant
M'entraîne? ô Samuel... qu'as-tu dit? — « Dans une heure
Vous m'aurez tous suivi. » — Non, s'il faut que je meure,
Épargne au moins mes fils... moi seul je dois mourir...
Mais ces spectres soudain semblent s'évanouir...
Où suis-je? qu'a-t-il dit? Que vois-je en ma présence?
Quel fracas! se peut-il que le combat commence?
Il n'est pas jour encor... Oui, du fer meurtrier
C'est le bruit que j'entends. Gardes, mon bouclier,
Mon casque.., s'il me faut perdre aujourd'hui la vie,
Qu'au moins dans le combat elle me soit ravie!

MICAL

Mon père, que fais-tu? Ta fille... oh! calme toi.

SAÜL

Oh! laisse là ma fille, obéis à ton roi,
Il le faut... sur-le-champ, ma lance, mon armure...
Ah! j'aperçois mes fils...

MICAL

Je ne te quitte pas...

SAÜL

Mais le clairon redouble... il suffit à mon bras
De ce glaive... courons... laisse-moi, je l'ordonne.
Fuis... parmi ces guerriers que la rage moissonne
Je vais trouver la mort...

SCÈNE IV

SAÜL, MICAL, ABNER, suivi de quelques soldats fugitifs.

ABNER

Où courez-vous, Seigneur,
Où courez-vous, grand Dieu! dans cette nuit d'horreur?

SAÜL

Que dis-tu ? le combat...

ABNER

Une attaque soudaine
Entoure nos soldats d'une perte certaine.

SAÜL

Quoi ! traître, et tu n'as pas partagé leur destin !

ABNER

Non, je viens vous sauver. L'odieux Philistin
Peut-être vers ces lieux déjà se précipite.
Craignez son premier choc... Oh ! fuyez au plus vite,
Le jour ne peut tarder... bientôt sur ces hauteurs
Ces guerriers auront su vous soustraire aux vainqueurs.

SAÜL

Quoi ! mon peuple succombe et je vivrais encore !

MICAL

Oh ! viens, le bruit s'accroit... mon père, je t'implore !

SAÜL

Et Jonathan... mes fils... m'ont-ils abandonné...
Ont-ils fui loin de moi?

ABNER

Monarque infortuné!
Tes fils avec honneur...

SAÜL

Oh! je dois te comprendre,
Ils ont tous succombé...

MICAL

Ciel! que viens-je d'entendre?
Mes frères...

ABNER

C'en est fait, ils ne sont plus, hélas!

SAÜL

Qui me retient encor? Je n'ai plus ici-bas
Que Mical, et son âme est ailleurs enchaînée...
Dès longtemps j'ai prévu ma dernière journée.
L'heure est venue... Abner, cède à mon dernier vœu;
Que ma fille, soustraite à l'horreur de ce lieu,
S'éloigne sous ta garde...

MICAL

Oh ! laisse-moi, mon père,
T'entourer de mes bras... l'ennemi, je l'espère,
N'osera pas frapper une femme...

SAÜL

Obéis,
Ménage ma douleur... devant ses ennemis
Un roi vaincu jamais ne doit verser des larmes.
Veille sur elle, Abner, va ; si le sort des armes
Vous livre aux Philistins, qu'ils la sachent de toi,
Épouse de David, et non fille du roi.
Ils la respecteront... va... cours...

ABNER

Mon bras fidèle
Te répond de ses jours... mais d'où vient qu'avec elle
Toi-même...

SAÜL

Je le veux, je suis encor ton roi...
Mais l'ennemi s'avance... Abner, obéis-moi,
Va... par vous s'il le faut qu'elle soit entraînée...

MICAL

Mon père, ah ! pour toujours...

SCÈNE V

saül seul.

       Cruelle destinée!
Mes fils... ils ne sont plus .. je suis seul désormais...
Amis et serviteurs, tous ont fui pour jamais...
Au gré de ton courroux suis-je assez misérable,
Dieu cruel? Ah! du moins un ami véritable
En ce lieu m'est resté... viens, mon glaive, ton roi
A ses derniers moments aura besoin de toi...
O Philistins! j'entends vos clameurs insolentes...
Vos glaives aux lueurs des torches menaçantes
Font briller mille éclairs... je vous vois accourir.
Je tombe... mais du moins en roi qui sait mourir.
          (Il se tue.)

UGO FOSCOLO

SA VIE ET SES ŒUVRES

UGO FOSCOLO

CHAPITRE PREMIER

SA VIE

Ugo Foscolo naquit le 28 janvier 1778 dans les eaux de Zante; une des îles Ioniennes, à bord d'un vaisseau vénitien. Citoyen de Venise, patrie de ses ancêtres, il conserva toujours une vive affection pour le lieu de sa naissance. Dans un de ces élans prophétiques, dont sa poésie fournit plus d'un exemple, il s'écrie: « Je ne toucherai plus les rivages sacrés où reposa mon corps enfantin. O Zante! qui te mires dans les eaux de la mer hellénique, tu n'auras de ton fils rien autre chose que ses chants! Le destin me réserve une sépulture qui ne sera point pleurée. »

Dans un précieux fragment d'autobiographie [1], Foscolo dissipe lui-même tous les doutes sur son origine. « Mes

---

[1] V. Prose politiche di Foscolo. Édition publiée à Florence, par F. Lemonnier p. 268.

ancêtres, » dit-il, « naviguèrent de Venise à Candie dans le XVIe siècle, après avoir obtenu le patriciat vénitien et des pouvoirs perpétuels dans cette île, et s'être engagés à la défendre contre les Turcs qui plus tard s'en emparèrent. Parmi ceux qu'on accuse de peu d'énergie dans cette circonstance fut Antoine Foscolo, alors chef de la famille. Ses fils se rendirent à Venise; sa faute leur fit perdre, à eux et à leurs descendants, le droit qu'avaient eu leurs aïeux de siéger dans le Grand Conseil. Tout ce qu'ils purent obtenir, c'est qu'on leur conservât les priviléges de la noblesse dans toutes les villes de la terre ferme ou d'outre-mer soumises à la République; ils retournèrent en Grèce, où se trouvait tout ce qu'ils possédaient encore. Tous, jusqu'à moi, se firent un devoir religieux de venir habiter quelque temps Venise, comme pour se faire reconnaître par leur patrie; quelques-uns même y naquirent et d'autres y ont encore leurs tombeaux. Il y a un peu plus d'un siècle que l'un des miens redemanda au sénat le patriciat vénitien, en se fondant sur cette considération et sur son antique noblesse; on le repoussa en lui opposant la prescription et la faute de son ancêtre... cependant, à partir de cette époque, ma famille obtint les fonctions publiques non réservées aux patriciens, et elle les exerça presque toutes en Grèce pendant cinq générations. La plupart de mes ancêtres, comme c'est l'usage parmi les nobles des îles Ioniennes, prirent leurs degrés dans les universités italiennes, souvent à Padoue et généralement en médecine, mais plusieurs l'étudièrent sans la pratiquer.

Il n'en fut pas ainsi du père de Foscolo, lequel fut nommé directeur de l'hôpital de Spalatro, en Dalmatie. Sa mère, grecque d'origine, était une femme d'une rare intelligence et d'une vertu antique. Restée veuve avec une fille et trois fils, elle prit le plus grand soin de leur éducation et leur inspira les plus nobles sentiments d'indépendance et de patriotisme. La vénération presque superstitieuse que Foscolo eut toute sa vie pour les femmes, est le plus bel éloge que l'on puisse faire de cette mère toujours adorée, toujours présente à son esprit. « Elle était vraiment héroïque », dit-il quelque part, « elle réunissait à une extrême indulgence toutes les grâces, surtout ce sentiment céleste de la compassion et ces vertus bienfaisantes qui élèvent la femme au-dessus de l'homme. Oh! si je pouvais être enseveli auprès d'elle, je recevrais en ce moment la mort comme le plus grand bienfait du ciel. »

On devine à ces regrets comment se passa son enfance sous le toit maternel. Envoyé de bonne heure à Venise, il termina ses études à l'université de Padoue. C'est là qu'il connut Cesarotti, qui y occupait la chaire d'éloquence.

Au moment où Foscolo suivait les leçons et s'inspirait des conseils de Cesarotti, les tragédies d'Alfieri parcouraient et électrisaient l'Italie.

C'est à cette double école que Foscolo forma son style, éclaira sa pensée, ouvrit son cœur et enflamma son imagination. Il avait lui-même trop d'ardeur, d'indépendance et de générosité pour rester sourd à la voix de pareils maîtres ; sa route était tracée devant lui. Parmi les biographes qui ont écrit sur Foscolo, les uns, désireux de dire la vérité, ne l'ont pas connue tout entière ; les autres, trop préoccupés de la mise en scène et ennemis du détail, ont sacrifié l'exactitude à la couleur ; d'autres enfin, moins honorables, ont sciemment altéré les faits et méconnu les intentions. Quant à nous, désirant avant tout être vrai, impartial, nous nous effacerons le plus possible et nous laisserons souvent à Foscolo le soin de se peindre et de se défendre lui-même. C'est surtout dans ses nombreuses lettres, aujourd'hui réunies et qu'il ne destinait pas à la publicité, que nous chercherons le secret de ses doutes, de ses douleurs, de ses ressentiments et de ses ardentes aspirations. Il nous apparaîtra alors avec tous ses défauts, mais aussi avec toutes ses qualités. On pourra parfois lui reprocher une fierté rude et ombrageuse, une hardiesse paradoxale, mais on le trouvera toujours grand, toujours généreux jusque dans ses erreurs.

La vie de Foscolo est un de ces longs jours d'orage qu'égaient à peine les riantes illusions du matin ; on le devine déjà dans les écrits de sa jeunesse. L'étudiant de Padoue, chantant les plaisirs de la table, laisse percer à travers son sourire cette mélancolie et ce mépris des grandeurs qui ne devaient plus l'abandonner. « Le temps », dit-il, « est rapide et au printemps succèdent le deuil et la vieillesse. »

Foscolo, qui trouvait de si nobles accents pour conjurer les dangers de l'avenir et relever l'esprit de ses concitoyens, n'était pas homme à fuir dans les champs de Chéronée et de Philippes; il unissait la bravoure du soldat à l'intrépidité de l'écrivain, ou plutôt il portait partout comme citoyen l'héroïsme du devoir. Pénétré de cette idée qu'il se devait tout entier à sa patrie, il s'engagea en 1797, à l'âge de 19 ans, dans un escadron de hussards qui se formait à Bologne, et il lutta tour à tour avec la plume et l'épée jusqu'à ce qu'il eût perdu tout espoir d'assurer, au prix de son sang, l'indépendance de l'Italie.

Dès qu'il connut la conclusion du traité de Campo Formio, il courut à Venise, prêt à s'ensevelir sous les ruines de la République: « J'y trouvai », dit-il, « les soldats français multipliés et les canons braqués dans toutes les rues. Tous les pères de famille et tous leurs fils adultes se réunissaient mornes et silencieux dans les églises, et là ils protestaient devant Dieu de leur résolution de vivre, comme leurs ancêtres, libres depuis quatorze siècles, ou de ne mourir esclaves que par la violence du plus fort, et moi aussi je le jurai »...

Ce serment, le seul qu'il prononçât jamais, il y demeura fidèle, et il a pu se rendre à lui-même ce rare témoignage que jamais il n'écrivit une seule ligne, il n'articula une seule parole en contradiction avec sa profession de foi républicaine.

La République cisalpine admettait parmi les citoyens actifs tous les Vénitiens qui cherchaient un refuge contre la servitude, Foscolo y voyait debout le drapeau de la liberté italienne et il espérait que l'Autriche, vaincue de nouveau, serait tôt ou tard expulsée des rivages de l'Adriatique; il vint donc à Milan et y prit part à la rédaction du *Moniteur Italien.*

Les comptes rendus des séances législatives et divers autres articles, publiés à cette époque, témoignent de la précocité de son talent et de la générosité de son cœur, de l'ardeur et de la fermeté de ses opinions politiques.

Nous choisissons, entre beaucoup d'autres également honorables, un trait qui peint l'homme et montre comment il comprenait sa mission de publiciste: Un des rédacteurs du *Moniteur Italien,* alors absent de Milan, était recherché par la police pour un article où, réclamant une convention nationale, il dévoilait les prévarications des gouvernants et les misères de l'Italie. On le croyait caché et le nom de lâche circulait dans toute la ville. Simple collaborateur et étranger à cette publication, Foscolo échappait naturellement à toute responsabilité; il n'hésita pas cependant, à une époque où tout était à craindre, à faire peser sur lui les dangers de la solidarité en adressant la lettre suivante au chef de la justice :

Tu recherches le citoyen Braganze, auteur de l'article *Cenni politici* inséré dans le numéro 14 du *Moniteur Italien,* il est parti pour Rome un jour avant les perquisitions. On ose le taxer d'imprudence et de lâcheté, mais s'il a écrit la vérité, il ne mérite pas l'infamie, et s'il a écrit le mensonge, il ne doit pas rester impuni; c'est pourquoi, voulant que la justice ait son cours, convaincu moi-même des vérités affirmées par Braganze, connaissant la fermeté de son caractère, et homme libre plus que quiconque l'accuse de lâcheté, je t'offre ma personne; elle répondra devant les tribunaux pour Braganze que l'on recherche.

Salut: Foscolo

Cependant, effrayée des progrès de la propagande républicaine et cédant à l'or et aux suggestions de Pitt, l'Autriche rompait ouvertement le traité de Campo Formio et une seconde coalition envahissait l'Italie. La République avait plus besoin de soldats que d'écrivains, Foscolo rentra sous les drapeaux. La désastreuse campagne de 1799 était pour les plus braves une rude épreuve, Foscolo en sortit avec bonheur et resta inébranlable en face de la mitraille et au milieu des horreurs de la famine. Blessé à la prise de Cento et fait prisonnier dans une sortie de Porte-Urbano, il fut échangé lors de l'arrivée de Macdonald.

Puis après avoir combattu de nouveau à la Trebia et à Novi, il alla s'enfermer avec Masséna dans les murs de Gênes, aussitôt assiégée par les Autrichiens. La valeur qu'il y déploya et le service signalé qu'il rendit à l'armée française en s'emparant, au prix d'une blessure, du fort des Deux-Frères, lui méritèrent le grade de capitaine. La prise de ce fort assura aux assiégés une capitulation honorable en prolongeant la résistance jusqu'au moment où Bonaparte, franchissant les Alpes, apparut de nouveau en Italie. Présent enfin à la bataille de Marengo, qui fit perdre à l'Autriche tous les fruits d'une longue campagne,

Foscolo eut le bonheur de coopérer à la résurrection de la République cisalpine.

De retour à Milan il y rencontra une occasion solennelle de manifester l'indépendance de son esprit et l'ardeur de son patriotisme : Choisi par le gouvernement cisalpin pour haranguer Bonaparte au congrès de Lyon, il eût pu, en se bornant à louer le vainqueur de l'Égypte et le sauveur de l'Italie, s'ouvrir à jamais la route des honneurs. L'exaltation était alors à son comble; le clergé, le sénat, l'Institut italiens épuisaient à l'envi toutes les formules de l'adulation. Les uns voyaient dans Bonaparte le Cyrus des Écritures et les autres, Jupiter foudroyant les géants ou le roi des astres éclairant tout de son éblouissante lumière. Tout en évitant les lieux communs et les hyperboles, Foscolo eût pu facilement trouver, dans la vie déjà si remplie du jeune conquérant, le sujet d'un brillant panégyrique; il le loua sans doute comme il le méritait, mais il songea bien plus encore à la république compromise par l'impéritie et les concussions des proconsuls ; seul il eut le courage de faire entendre une voix libre au milieu de ce concert d'adulations et, pour sauver sa patrie, il se sacrifia lui-même.

« Pour te louer », dit-il dans son exorde, « je ne dirai que la vérité et, pour me rendre digne de la confiance du peuple, je parlerai en homme qui ne craint rien, qui n'espère rien de ta puissance. C'est t'ouvrir, je le crois, une nouvelle source de gloire que de te dévoiler, pour que tu les guérisses, les plaies dont le destin, l'omnipotence, la rapacité de la conquête et l'ignorance des gouvernants ont affligé et affligent encore les malheureuses provinces italiennes.

.....Pour que mon discours ne ressemble pas à une vaine déclamation, je procéderai historiquement et, dans cette république je te montrerai, en proie à la corruption, les trois éléments de toute société politique : les lois, l'armée et les mœurs.... Et ta grande âme m'applaudira non-seulement parce que je t'aurai signalé ce qui manque encore à l'accomplissement de tes glorieux desseins, mais plus encore, parce que dans les siècles futurs on pourra dire : Bonaparte gouvernait alors que les esprits nobles et généreux, ne craignaient pas de dire la vérité, et lui ne craignait pas de l'entendre. »

Il est seulement à regretter que Foscolo ait fait intervenir les héros de la Grèce et de Rome dans ce discours d'une énergie si noble et où abondent les grandes pensées et les éloquentes apostrophes. Pendant le siège de Gênes, Foscolo, tremblant pour les jours d'une femme qu'il aimait (Luigia Pallavicini), apprit son rétablissement et et profita des rares loisirs que lui laissait le service de la place pour composer cette poésie tout anacréontique qui a pour titre : *All'amica risanata*. Nous ne saurions la passer sous silence; car elle contraste singulièrement, par la fraîcheur des images et la sérénité d'âme qu'elle suppose, avec les scènes de désolation que le poète avait alors sous les yeux.

C'est à la lueur des bombes et au milieu de ses compagnons d'armes décimés par la contagion, la famine et le fer de l'ennemi, qu'il demandait à la muse d'Anacréon et de Tibulle les inspirations suivantes :

« Tel, couronné de roses et éclairé par un rayon de l'éternelle lumière, l'astre cher à Vénus sort du sein des ondes et dissipe les ténèbres ; telle, quittant le lit de douleur, renaît la beauté divine, unique consolation des âmes sensibles. La rose refleurit sur ton visage adoré et tes beaux yeux, retrouvant leur regard séducteur, éveillent de nouveau la crainte et la jalousie dans le cœur des mères et des amantes..... source de tourments et d'espérances, tu captives tous les regards de la jeunesse, soit que, dans une pose voluptueuse, tu maries ta voix agile aux accords de la harpe, soit, ce qui est plus dangereux, que te livrant à la danse, tu te confies au souffle des zéphyrs, et que ton voile en désordre laisse entrevoir des trésors inconnus.... »

Cette préoccupation de l'objet aimé au milieu des dangers de la patrie a été amèrement reprochée à Foscolo et lui a fait contester le nom de grand citoyen.

Il ne faudrait cependant pas de longues recherches pour retrouver dans l'histoire de tous les temps des exemples analogues.

Nous reviendrons sur cette question en analysant les lettres de Jacques Ortis, ce roman autobiographique où l'auteur s'est peint tout entier. Peut-être réussirons-nous à démontrer que dans le cœur de Foscolo coexistaient sans se nuire, sans se modifier jamais, deux passions également indomptables : l'amour qui fait les Saint-Preux et les Werther et ce civisme trop rare qui fait les héros et les martyrs.

Dans un tableau célèbre, Apelles représente la calomnie précédée de l'envie, et traînant par les cheveux l'innocence. A sa rencontre s'élance, en lui tendant les bras, une femme aveugle et remarquable par ses longues oreilles, c'est la crédulité. On découvre enfin sur le dernier plan la tardive vérité s'avançant à pas lents. Vraie au temps d'Apelles, cette peinture ingénieuse ne l'est pas moins aujourd'hui. L'esprit de parti, peu scrupuleux dans le choix des moyens, poursuit de ses injustes imputations l'adversaire qu'il n'a pu convaincre ni corrompre, et il trouve toujours des oreilles complaisantes pour recueillir ses impostures. Le génie de Foscolo, sa vie toute d'infortune et de sacrifice, et la tombe elle-même ne le mirent point à l'abri de la haine et de l'injustice des hommes. On lui reproche un caractère faux et déloyal, les plus basses jalousies et on alla même jusqu'à l'accuser d'avoir trahi son drapeau.

Chaque jour la vérité fait un pas pour l'absoudre, mais sa marche est lente, et sur plus d'un point les preuves décisives manquent à la défense comme à l'accusation.

Pour confondre d'un seul coup ses détracteurs, les amis de Foscolo prirent une résolution extrême : ils recueillirent en Italie et en Angleterre toute sa correspondance et un habile éditeur de Florence, M. Lemonnier, se chargea de la publier. Nous avons dès lors sous les yeux, non plus un portrait de fantaisie rembruni ou grimaçant au gré de l'envie, mais une sorte d'épreuve photographique reproduisant, avec la plus scrupuleuse fidélité, les traits caractéristiques de l'homme, du citoyen et de l'écrivain. Disons mieux : cette correspondance, où Foscolo, se croyant seul avec un ami, s'abandonne à tous les épanchements de l'intimité, est un guide sûr et parfois indiscret qui nous fait pénétrer dans les mystères de sa pensée, dans les plus profonds replis de son cœur.

Bien peu de réputations, et je parle des plus éclatantes, eussent résisté à une pareille épreuve ; celle de Foscolo, j'en ai la conviction, en est sortie complètement victorieuse.

Sans doute l'homme s'y trahit par quelques faiblesses, par quelques imperfections, mais le grand citoyen y apparaît dans toute la pureté de son dévouement et la vérité, dissipant tous les doutes, ne laisse plus de refuge à la malignité.

Lorsqu'elle juge un grand poète ou un grand citoyen, la critique ne doit pas descendre trop avant dans les secrets de la vie privée et, lorsque le poète et le citoyen ont fidèlement rempli leur mission, elle ne doit pas chercher dans la conscience de l'homme, pour en ternir la gloire, des péchés qui n'intéressent que la religion.

Si Foscolo ne fut jamais insensible à la beauté des femmes, s'il chercha même, dans quelques aventures passagères, l'oubli de ses infortunes, du moins il a prouvé son désintéressement et la noblesse de son âme dans les amours d'où dépendait le bonheur de sa vie, et il n'a jamais sacrifié à la passion l'honneur ou les intérêts de la patrie. Aussi n'est-ce pas sans surprise que, dans un article écrit avec toutes les apparences de la bonne foi et publié par la *Revue des deux Mondes*[1], j'ai rencontré, sous forme de conclusion, les phrases suivantes : « Jamais homme ne fut plus esclave de ses passions, jamais aussi plus fantasque et plus capricieux ; il dispersait son amour aux quatre vents ; c'était un stoïcien qui aimait toutes les femmes, un disciple d'Épictète portant toujours quelque chaîne dont il avait honte et qu'il montrait à tout le monde. »

Et plus loin : « Foscolo aimait trop les femmes pour être l'inflexible patriote et la grande âme qu'on a voulu présenter en lui…. Pour être un grand homme de Plutarque, il lui manquait cette fierté qui prend un jour ou l'autre le dessus sur les faiblesses du cœur et qui ne laisse plus de place dans l'âme que pour la patrie…. Les grands citoyens de Rome ne couraient pas les boudoirs. Il ne faut pas légèrement comparer les hommes de notre temps à ces colosses de l'antiquité. »

Ce jugement, je ne crains pas de l'affirmer, n'est autre chose qu'un argument sophistique dont je n'accorde pas plus les prémisses que la conclusion : d'abord il ne m'est nullement prouvé que dans l'antiquité il fût nécessaire, pour être compté au nombre des héros ou des grands citoyens, d'avoir fait vœu de chasteté. Certes peu d'hommes ont rendu à leur patrie d'aussi grands services que Thésée et Hercule, peu d'hommes ont obtenu

---

[1] Foscolo et sa correspondance. — *Revue des deux Mondes*, livraison du 1er septembre 1854.

d'aussi grands honneurs après leur mort, cependant la reconnaissance publique, qui les élevait au rang des dieux, n'ignorait pas les aventures d'Ariane et d'Omphale. Cupidon exerçait sa puissance dans le ciel comme sur la terre ; il triomphait de Mars et de Jupiter lui-même, le souverain des dieux. Les Romains comme les Grecs lui rendirent en tous temps un culte solennel. Les deux plus grands poèmes de l'antiquité, peintures fidèles des mœurs de l'époque, nous offrent deux types éclatants de patriotisme : Achille chez les Grecs, Énée chez les Romains.

Certes, Homère et Virgile n'ont jamais eu la pensée de ternir la gloire de leurs héros, et cependant l'amour d'Achille et d'Agamemnon pour la belle Briséis sert dans l'Iliade de base à tout le poème et, dans l'Énéide, on n'a point oublié l'épisode si voluptueux du quatrième chant et le cruel abandon qui le termine.

Du reste, Plutarque lui-même n'hésite pas à introduire dans son Panthéon l'amant de Cléopâtre et celui d'Aspasie. Et, pour choisir parmi les grands hommes un rare modèle de patriotisme, nous rappellerons Cimon qui, après sa mort, obtint les honneurs divins : « Il paraît », dit Plutarque, « que Cimon fut très porté à l'amour des femmes. » Et cela ne l'empêche pas d'ajouter : « Cimon, doué d'une grandeur d'âme admirable, fut bien au-dessus de Miltiade et de Thémistocle par ses vertus civiques ».

On oppose, il est vrai, à Foscolo la rigidité des stoïciens, mais on oublie que s'il admirait les grands hommes de Plutarque, et si notamment il s'inspirait de la constance inébranlable de Caton d'Utique, jamais il ne fit profession de vivre en tout et partout selon les règles du stoïcisme. « Les stoïciens », dit Pascal, « ont voulu renoncer aux passions et devenir dieux. » Satisfait d'être un grand poète et un grand citoyen, jamais Foscolo n'a songé à se faire canoniser. Sans être épicurien, comme on l'a prétendu, il sacrifiait à l'amour, mais son culte le plus ardent fut toujours le culte de la patrie.

Jacques Ortis, le livre de son cœur, comme il l'appelle, ce livre où il s'est peint lui-même tout entier, sous le nom d'un ami infortuné, nous fournit à cet égard la plus complète justification. « Depuis deux mois », écrit Ortis à Lorenzo, « je ne te donne aucun signe de vie, et tu t'effraies et tu as pu croire que l'amour avait triomphé de moi au point de me faire oublier l'amitié et la patrie. Tu me connais peu, tu connais peu le cœur humain et ton propre cœur, si tu supposes que l'amour de la patrie puisse s'éteindre ou s'affaiblir, si tu crois qu'il cède à d'autres passions... La nature a créé des esprits qui ne sauraient être que généreux. Il y a vingt ans, ces esprits demeuraient inertes et engourdis dans la torpeur universelle de l'Italie, mais les temps actuels ont réveillé en eux toute l'énergie de leurs passions natives, et ils ont acquis une trempe telle qu'on peut les briser, oui, mais les faire plier, jamais, et ceci n'est pas une hypothèse métaphysique, c'est une vérité que proclament dans le passé beaucoup de glorieuses infortunes et que me confirme aujourd'hui la vie d'un grand nombre de mes concitoyens. Je les plains autant que je les admire; car, si Dieu n'a pas pitié de l'Italie, il leur faudra renfermer dans leurs cœurs leur amour pour la patrie, amour qui brûle et torture la vie; et loin de l'abandonner, ils se passionnent pour les périls, les angoisses et la mort elle-même. Et moi, je suis un de ceux-là. »

Ce qu'on peut regretter, c'est que Foscolo n'ait pas sanctifié par le mariage ce besoin d'aimer qui, loin de lui assurer le bonheur, ne fut pour lui qu'une source de soucis et d'infortunes. Mais comment ne pas l'excuser, comment ne pas le plaindre lorsqu'on découvre dans sa correspondance les nobles motifs qui l'en ont toujours détourné?

« Heureux qui possède une épouse belle, aimable et jeune. Mais qu'est la beauté sans éducation? Une fleur sans parfum... Or, la culture de l'esprit et l'élégance des manières qu'une éducation trop délicate et la société des Muses m'ont rendues nécessaires, et sans lesquelles Tasse et Pétrarque chanteraient dans le désert, supposent la fortune. Quelle famille aisée consentirait à s'allier à moi qui n'ai rien?... Serai-je jamais assez en contradiction avec moi-même et avec mes principes, pour tirer une jeune fille du bien-être qu'elle trouve dans sa famille, afin de m'enrichir moi-même ou pour lui faire partager mes faibles ressources qu'elle viendrait encore diminuer? »

Le regard de la critique s'est arrêté avec peu de discrétion sur quelques aventures qu'on voudrait effacer, mais qu'on rencontrerait sans peine dans la vie des plus grands hommes de notre temps. Il était cependant si facile, si naturel d'oublier ces quelques taches en méditant sur bien d'autres pages où Foscolo se montre aussi grand en amour que dans ses écrits ou dans les combats !

Il est surtout un épisode de sa vie que nous ferons connaître à nos lecteurs, parce qu'il découvre, comme le ferait un scalpel, tout le cœur de cet infortuné. Que ceux qui accusent Foscolo le lisent et qu'ils osent ensuite lui jeter la première pierre.

Au bord du lac de Côme, sur l'emplacement d'une de ces villas qu'affectionnait Pline le jeune, s'élève une somptueuse demeure bâtie par Paul Jove, le favori des papes, l'illustre écrivain du XVIe siècle. Digne héritier de ses biens et de sa renommée, le comte G. aimait à s'entourer des hommes remarquables de son temps ; il estimait le caractère de Foscolo autant qu'il admirait son génie, et bien qu'il ne partageât aucunement ses opinions, il lui faisait avec joie les honneurs de son beau domaine. Admis dans l'intimité de la famille, Foscolo remarquait chaque jour davantage la beauté et les grâces de la fille de son hôte, et il recherchait sa présence sans avoir conscience de ses propres sentiments, sans s'expliquer pourquoi le regard de cette jeune fille se fixait constamment sur lui. Une question indiscrète, que lui adressa sous forme de reproche la fille aînée du comte, lui révéla toute la vérité. Rassuré par la pureté de ses intentions, il eût pu s'enivrer du présent et laisser à l'avenir le soin de vaincre les préjugés de naissance et de fortune qui s'opposaient à son mariage ; il ne se laissa pas un seul instant aveugler par la passion ; il ne songea à aucun atermoiement; il comprit qu'on l'accuserait d'avoir abusé de l'hospitalité pour conquérir, non l'épouse de son choix, mais une dot qui l'enrichirait; il pensa de plus qu'un homme décidé à tout souffrir et à tout sacrifier pour rester fidèle à son drapeau, ne devait pas rendre ce sacrifice impossible en y associant une jeune fille qui, née dans l'opulence, aurait assez de résignation, mais pas assez de force pour le supporter, et il partit avec l'espoir de se faire oublier.

Consumé par une ardeur inextinguible, il supportait silencieusement depuis une année les angoisses de la lutte, lorsqu'il apprit qu'il n'était pas seul à souffrir, et que, s'irritant des obstacles, l'amour de la jeune patricienne menaçait en éclatant de plonger dans le désespoir toute une famille qu'il estimait. C'est alors que, se décidant à rompre le silence, il écrivit une admirable lettre que le défaut d'espace nous empêche seul de reproduire tout entière. Il y rappelle toutes les phases de cet amour fatal qui ne promet aux deux amants que larmes et remords s'il n'est combattu, puis il termine ainsi :

« Comment vous demander en mariage, comment vous espérer de vos parents? Je ne suis pas noble et vous savez combien est profond dans votre famille, combien est superstitieux et invincible le culte de l'idole nobiliaire ! A ces obstacles déjà insurmontables s'ajoute l'aversion de votre père et de la comtesse pour mes opinions religieuses et politiques. Je ris souvent des préjugés des hommes et je les déplore en moi comme dans les autres, mais ici je dois les respecter, car j'affligerais des personnes qui font reposer sur ces préjugés tout leur bonheur, et je paraîtrais ne les combattre que dans un intérêt égoïste. Votre persistance à vous unir à moi me fait frémir quand je pense aux menaces, aux reproches, aux supplications de vos parents pour vous détourner d'un mariage qui les rendrait si malheureux. Je me représente les commentaires, les scandales du monde; je prévois vos douleurs poignantes au milieu de tant de combats, et je verserais tout mon sang pour épargner à vous et à vos parents de si rudes épreuves et à moi une pareille infamie . . . .

« Vous ne serez pas ma femme tant que je pourrai, en me mariant, paraître vil à mes propres yeux, séducteur aux yeux de vos parents et cruel envers vous-même. Adieu! de toute mon âme adieu! »[1]

Cette lettre, où le cœur s'immole héroïquement à la conscience, où la constance incorruptible du patriote s'explique et se complète par l'inébranlable fermeté de l'homme, nous montre Foscolo tel qu'il s'est peint lui-même dans les lettres de Jacques Ortis et là, où la critique consciencieuse aurait dû le chercher, c'est-à-dire aux prises avec les plus fortes tentations de l'amour et de la fortune.

Qu'importe à l'histoire si quelques heures fiévreuses de galanterie et de somptuosité se découvrent à la loupe dans cette vie d'abnégation, de tortures, de déceptions et de luttes opiniâtres ? Pour en oublier un instant l'amer-

---

[1] *Epistolario*, vol. 1ᵉʳ p. 296 à 312.

tume, Foscolo a quelquefois couronné de fleurs son calice, soit, mais jamais du moins il n'a refusé de le boire, et il l'a bu jusqu'à la lie.

Nous en avons dit assez, peut-être trop, sur une accusation qui se réfute d'elle-même et qui emprunte sa gravité apparente au recueil seul où elle s'est produite.

On a reproché à Foscolo, avec plus de vérité sinon avec plus de justice, d'avoir trop vu les hommes et les choses à travers ses défiances. Tout montre cependant qu'il avait reçu de la nature un cœur bienveillant et généreux.

« Qui m'a rendu », dit-il, « rigide et ombrageux envers la plupart des hommes, sinon leur hypocrisie et leur cruauté ? Je leur pardonnerais volontiers tout le mal qu'ils m'ont fait, mais quand je vois la vénérable pauvreté s'épuisant de labeur, tandis que l'opulence toute-puissante lui suce le plus pur de son sang ; quand je vois tant d'hommes souffreteux emprisonnés, affamés et suppliants sous le joug impitoyable de certaines lois, je ne puis me contenir, et alors je crie vengeance avec cette foule d'infortunés qui se partagent mon pain et mes larmes, et j'ose redemander en leur nom la part qu'ils ont héritée de la nature, mère bienfaisante et équitable. »

Du reste Foscolo, souvent méconnu et trahi, quelquefois par l'amitié elle-même, a eu la consolation de se voir aimé et estimé par les plus grands poètes et les plus nobles esprits de son temps.

Sans rappeler Cesarotti, Parini, Niccolini et tant de beaux noms qui protestent hautement en sa faveur dans les pages les plus intimes de sa correspondance, il nous suffira de citer l'auteur de *Mes Prisons* qui, jusqu'à sa dernière heure, resta fidèle à l'illustre exilé. « Je donnerais mon sang pour toi », lui écrit Silvio Pellico, le 8 janvier 1810, « le profond amour que m'inspirèrent, avant que je ne te connusse, ton génie et ton cœur, loin de cesser jamais, est plus grand aujourd'hui que tu es malheureux. Les outrages de la fortune et la malignité du plus grand nombre rendent souvent injuste l'homme opprimé ; mais pourquoi ne pas distinguer de la multitude quelques vrais amis ? Quand je serais le plus vil des hommes, je ne devrais pas craindre de correspondre avec toi. Malgré ma nature silencieuse, tu as souvent reconnu la sincérité de mes opinions et de mes affections, crois-le bien, je t'aime de tout mon cœur, je te sais victime de ta franchise et de ta probité, et je pleure et je m'indigne de ta destinée ».

Tant que l'Italie put être défendue contre l'invasion étrangère ou contre les erreurs de ses gouvernants, Foscolo lui offrit généreusement son sang et sa plume incorruptible ; lorsqu'elle fut livrée pieds et poings liés à la coalition européenne, il renonça à son double traitement comme chef de bataillon et comme professeur de l'université, et il se condamna lui-même à l'exil pour ne pas prêter serment à l'Autriche.

« Il ne s'agissait pas seulement », comme il le dit lui-même dans une de ses lettres, « de jurer oui ou non ; il s'agissait d'écrire et de publier des choses qui m'auraient déshonoré, et c'est pourquoi, comme me le conseillait l'abbé de Bienne, non seulement j'ai refusé les offres d'argent, mais aussi d'emploi qui m'étaient faites ; c'est ce refus qui a précipité mon départ de Milan ».

Foscolo se rendit en juin 1816 à Zurich, où il espérait trouver pour ses études la tranquillité nécessaire, mais au bout de quelques jours, il fut averti par son hôtelier qu'il ne lui était plus permis de rester non seulement dans son hôtellerie, mais encore dans aucun lieu du canton, ce qui l'obligea, le 6 juillet 1816, à quitter Zurich par la pluie et le vent, souffrant d'une fièvre intense, sans obtenir le motif de cette brusque expulsion.

A cette époque, il n'y avait plus en Europe qu'un seul pays dont les institutions pussent séduire l'esprit indépendant de Foscolo, c'était l'Angleterre ; il quitta donc le continent pour n'y plus revenir.

Les hommes les plus remarquables du parti whig lui ouvrirent à l'envi leurs salons, et il aurait pu vivre toute l'année à la campagne, en acceptant les invitations qui lui étaient faites, mais il avait trop le sentiment de sa dignité pour vivre aux dépens d'autrui ; il s'empressa donc de se procurer soit des leçons, soit une collaboration dans les revues littéraires qui se publiaient à Londres ; il s'engagea, entre autres choses, envers un éditeur à donner une édition des quatre grands poètes italiens. Cet ouvrage, qu'il devait terminer dans le délai de deux années, accompagné d'un commentaire et de notices biographiques, lui occasionna un surcroît de travail qui ne tarda pas à lui être funeste. Il avait déjà livré à l'impression les commentaires sur Dante et Pétrarque, lorsqu'une attaque d'hydropisie le contraignit à quitter les brouillards de Londres pour une petite maison à Turnham Green, village peu distant de la capitale.

Sur la fin de sa vie, il eut beaucoup à se plaindre de la mauvaise foi de certains éditeurs, et il fut poursuivi par ses créanciers, qui firent vendre sa petite maison et ne lui laissèrent qu'une table, une chaise et ses livres. Il serait mort dans le dénûment le plus complet, si un de ses amis, un Anglais du nom de Gurney, ne se fût empressé de venir à son aide.

Enfin, le 10 octobre 1827, peu d'instants après avoir reçu la visite de son illustre compatriote, Capo d'Istria, l'auteur de *Jacques Ortis* et du *Poème des Tombeaux* vit se réaliser une des prédictions de sa jeunesse et livra son corps à la terre étrangère.

« O Zante! ô ma patrie! », s'était-il écrié dans un de ses premiers sonnets, « tu ne recueilleras pas autre chose que mes chants; le destin réserve à ton fils une tombe qui ne sera pas pleurée ».

Le banquier Gurney accompagna jusqu'au cimetière de Turnham Green la dépouille de cet homme célèbre et fit graver sur une pierre modeste une inscription qui rappelle uniquement le nom du poète et la date de sa mort.

CHAPITRE II

SES ŒUVRES

Au sortir de ses études, le jeune Ugo eut un instant l'idée d'embrasser l'état ecclésiastique ; l'impulsion qu'il avait reçue de Cesarotti et d'Alfieri modifia profondément ses idées, et il ne tarda pas à préférer le théâtre à la chaire. Il n'avait pas encore dix-neuf ans lorsqu'il donna sa première tragédie. Thyeste fut représentée à Venise le 4 janvier 1797. Le jeune poëte, appelé sur la scène à la chute du rideau, y fut salué par de nombreuses acclamations. Le succès dura neuf jours consécutifs, et ne fut interrompu que par l'intervention de la police, qui découvrit dans cette œuvre quelques allusions politiques. Le succès qu'obtint cette pièce, malgré ses défauts incontestables, s'explique par les préoccupations du moment. C'est d'ailleurs une œuvre simple, fière, pleine d'audace dans le dénoûment et d'exagération dans les caractères.

Ce fut pendant le siége de Gênes que Foscolo adressa à Napoléon, récemment élevé au consulat après son retour d'Égypte, une lettre qui rappelle tout à la fois l'âme de Caton et le style de Tacite. Dans cet écrit, pénétrant ses desseins ambitieux, il prend contre lui la défense de sa gloire en le priant de sacrifier sa grandeur personnelle au bonheur des peuples.

Cette lettre, comme on le pense bien, n'eut aucune influence sur le conquérant. Toutefois, si elle n'eut pas le mérite du succès, elle est restée du moins comme œuvre littéraire et comme trait caractéristique du génie de son auteur.

C'est aussi durant ce siège qu'il écrivit ses deux odes à Luigia Pallavicini (comme nous l'avons dit plus haut). Après la glorieuse capitulation de Gênes, il se retira à Milan où il publia ses fameuses lettres de Jacques Ortis. Cet ouvrage, où quelques critiques n'ont voulu voir qu'une reproduction du Werther de Gœthe, en diffère essentiellement en ce que ce dernier est consacré à la peinture d'un amour dont on suit tous les développements, tandis que dans le livre de Foscolo la fable, peu importante en elle-même, n'est qu'une sorte de cadre élastique où il a déposé jour par jour ses pensées d'amour, ses rêveries de poète, son humeur misanthropique et ses amers désenchantements de patriote. On a reproché avec raison à cet ouvrage le sombre désespoir qui attend le lecteur presque à chaque page et surtout le suicide qui le termine. Nous y avons regretté, pour notre part, l'absence de cette philosophie chrétienne qui, sans s'aveugler sur les vices du genre humain, sait leur opposer la résignation, la prière et l'espérance. Ce qui est encore regrettable, c'est que le suicide ne soit pas dans Jacques Ortis, comme il l'est dans Werther et dans la nouvelle Héloïse, un dénoûment obligé, mais bien une doctrine et une sorte d'enseignement philosophique. Foscolo, comme il le dit lui-même, avait appris de Tacite que, de toutes les vertus restées aux Romains sous la tyrannie des Césars, la plus admirée et la plus nécessaire était de savoir mourir. Sénèque, Hume et Montaigne, dont il méditait les écrits, le délivrèrent de ses derniers scrupules, et il crut sincèrement qu'il relèverait l'énergie de ses concitoyens en leur offrant dans la mort volontaire un glorieux refuge contre l'oppression.

Il ne faut pas oublier que Jacques Ortis était l'œuvre de sa jeunesse et que plus tard, lorsqu'une plus longue expérience des hommes et des choses eut modifié ses idées, Foscolo, voyant que son livre faisait moins de héros que d'amants infortunés, regretta d'avoir fourni un aliment à des passions insensées et aux atteintes du désespoir.

«Celui-là est coupable,» dit-il dans une de ses dernières préfaces, «qui fait pour la jeunesse un chemin aride et sans but de cette vie que, par un décret de la nature, elle doit parcourir précédée de l'espérance.»

Il faut enfin ajouter que Foscolo vaincu, persécuté, abreuvé d'outrages et souvent réduit à la plus profonde misère, ne se tua pas lui-même, bien qu'il eût souvent prouvé son mépris des dangers et de la mort. Le plus grand mérite de cet ouvrage consiste, sans contredit, dans la création d'un style tout à la fois concis, nerveux, pittoresque et brillant. Sous ce rapport c'est un effort des plus heureux qui a porté le dernier coup à la prose du XVIIe siècle; c'est un modèle presque achevé dont l'étude n'a pas été sans fruit pour la littérature contemporaine.

Quant au long travail que lui inspira l'hymne de Callimaque sur la chevelure de Bérénice, il a malheureusement subi le sort de toutes ces gloses qui ne servent trop souvent qu'à prouver l'érudition de l'auteur. Ce travail, fait cependant de main de maître, fut sans fruit pour l'écrivain. Foscolo nous apprend lui-même le mobile qui le lui fit entreprendre et le seul résultat qu'il en espérait: « J'ai tenté, » écrivit-il à Niccolini, « de mettre dans tout son jour le poème de Callimaque et je t'envoie mon travail, comme une récompense de ta vénération pour les poètes grecs, et comme un nouveau témoignage d'amitié. A dire vrai, cette entreprise suppose de plus longues études que ne pouvaient me permettre ma fortune et ma jeunesse au milieu des soucis de la guerre et de l'exil. Cependant, si tu compares ma traduction et mes commentaires avec le travail de mes devanciers, tu n'auras pas, je l'espère, à rougir de ton ami; et si tu penses qu'on pourra mieux faire dans l'avenir, tu m'accorderas certainement que personne dans le passé n'est digne de m'être préféré...

« Bien résolu à ne compter que sur mes propres forces, plutôt que de mortifier mon esprit sous les travaux d'autrui, je ne me serais pas soumis au rôle de commentateur si, dans cette malheureuse saison, je n'avais senti le besoin de distraire mon esprit et mon cœur par ce sujet périlleux. C'est ainsi que Catulle, éloigné des muses par la tristesse, cherchait à oublier son malheur en traduisant ce même ouvrage. Et moi aussi je me sentis consolé par la concision de ces vers et ravi de leur merveilleuse beauté. Je ne crois pas que l'antiquité nous ait laissé rien de plus parfait comme poésie lyrique, et je ne vois rien d'égal dans les temps modernes. Je compte envoyer mon travail, sans songer à aucune gloire, à tous les jeunes gens studieux, comme une tentative de méthode pour l'étude des classiques, source de tout écrit immortel[1]. »

Appelé à faire partie du camp de Boulogne, Foscolo mit à profit les longs délais de cette expédition contre l'Angleterre, et se consacra avec ardeur à l'étude de la langue anglaise. La traduction du *Voyage sentimental* de Sterne, qu'il entreprit alors, lui réussit au-delà de toute espérance. S'y montrant tour à tour et sans effort fin, mordant ou pathétique, Foscolo sut reproduire toutes les beautés de l'original. C'est une nouvelle conquête que la langue italienne doit à l'auteur de Jacques Ortis. Qu'on nous permette de reproduire ici une lettre fort curieuse écrite en français par Foscolo à l'occasion de ce travail (Boulogne-sur-mer, 25 octobre 1805). On y trouve l'aveu et, jusqu'à un certain point, la justification de cette humeur bizarre et misanthropique qu'on a si souvent reprochée au grand écrivain.

[1] Voir Correspondance. Vol. Ier, page 34.

« J'ai achevé Sterne, maintenant j'y fais des notes. J'écris les folies, les espérances, les opinions, les erreurs, les souvenirs, les remarques de M. Foscolo en France; ma plume barbouille, sans attendre les conseils du peu de bon sens qui me reste, mon humeur dicte et l'art se tait. Imaginez-vous donc quelle espèce de commentaire sombre j'aurais écrit en me voyant absolument abandonné de vous. Ainsi je vous remercie et pour moi et pour l'amour de mes amis qui, quelque jour, liront ma traduction et mes notes.

« Lorsque je suis habillé comme il faut, je ne suis point en train d'être aimable. — M. Toulié et Cie ont trouvé une société où l'on fait de la musique, mais l'esprit infortuné de Jacques Ortis ne peut pas s'y faire; tout partisan qu'il est de l'harmonie, il fuit la musique parée des salons; pour se dédommager, il prête l'oreille et l'âme au fifre du premier petit polisson qui passe la nuit sous sa fenêtre...

« C'est une fièvre : le ciel sait que je suis malade, mais les mortels qui, dans des occasions pareilles, raisonnent toujours pour les autres et ne sentent que pour eux-mêmes, ont tous le droit et la bonne volonté de me prendre pour fou...

« C'est une maladie que de m'attacher à celui que je rencontre sur mon chemin, qui passe et qui me quitte pour toujours. O vieillesse! je n'espère ma guérison que de ta main!.... »

Une attaque imprévue de la part de l'Autriche, secrètement liguée avec l'Angleterre, la Russie et la Suède, ayant fait avorter la formidable expédition de Boulogne, Foscolo regagna l'Italie en 1805, à la suite des différents corps qui en faisaient partie. Au milieu des opérations militaires dont il venait d'être témoin, il s'était convaincu de l'importance des études stratégiques pour un peuple qui voulait conserver son indépendance. Toujours préoccupé de l'avenir de sa patrie, il crut utile de donner une nouvelle édition des œuvres de Montecuculli. Ce travail, pour lequel il s'associa le général Caffarelli et plusieurs tacticiens habiles, s'élevait, au moyen d'un savant commentaire, au niveau des découvertes les plus récentes. Malheureusement les frais énormes qu'il avait nécessités le rendirent inaccessible au plus grand nombre, et le but de Foscolo fut manqué.

Notre poète avait conservé dans l'armée le grade de capitaine, mais sa réputation littéraire lui assurait une grande indépendance et faisait de sa place une véritable sinécure. Il eut donc la faculté de quitter Milan et d'aller habiter une retraite paisible aux environs de Brescia; c'est là qu'entouré de l'admiration et de la curiosité de tous, on le voyait, à l'ombre d'un immense figuier, se livrer tour à tour à ces discussions animées qu'il dominait de toute l'énergie de sa voix et aux inspirations littéraires; c'est là que, tout entier à cette sombre mélancolie qui formait la base de son caractère, il termina son poème des *Tombeaux*, son plus beau titre de gloire, et dont on trouvera plus loin une traduction. Cette inspiration toute pindarique prit sa source dans un décret de la république cisalpine qui prohibait les inhumations dans l'intérieur des villes et privait ainsi les grands hommes des regards de la foule. Nous ne croyons pouvoir mieux faire que de résumer ici les jugements des critiques de l'Italie :

« L'ouvrage où Foscolo réunit avec le plus de bonheur les fruits si remarquables de ses études fut le poème des *Tombeaux*. La beauté, la profondeur des conceptions, la nouveauté des images et plusieurs autres qualités, qui lui appartiennent en propre, méritèrent à l'auteur une sorte d'ovation littéraire ; les seuls défauts qu'on y rencontre sont une coupe de vers trop laborieusement combinée, et une concision qui le rend presque intraduisible.

« Dans la page qu'il consacre à Dante, à Galilée, à Machiavel et à Michel-Ange, et surtout dans cette peinture du fier et taciturne Alfieri, on remarque ce génie poétique qui sait en quelques traits résumer toute la force et toutes les beautés d'un tableau.

« Et ces apostrophes à Pindemonte, à Florence, à la muse de Parini, ces prodiges qui, pendant le silence des nuits, frappaient les yeux des navigateurs en vue de Marathon, et cette grande figure d'Homère qui, pénétrant à tâtons dans les tombeaux d'Ilion, embrasse les urnes et les interroge, sont autant de créations d'une imagination sublime et d'un cœur profondément pénétré. »

Pindemonte, à qui ce poème est adressé, y répond par un chant qui porte le même titre et qui, sans égaler la perfection du modèle, brille aussi par de grandes qualités. Un des mérites les plus éminents de l'œuvre de

Foscolo est l'harmonie imitative qui en rend les peintures saisissantes. Il est facile de s'en convaincre dès les premières pages; toutefois, la description qui nous semble la mieux réussie à cet égard est celle des combats nocturnes que se livrent aux champs de Marathon les ombres des héros :

> *Vedea per l'ampia oscurita scintille*
> *Balenar d'elmi e discozzanti brandi.*

N'entend-on pas le choc des épées et des casques ? Ne voit-on pas du sein de l'obscurité sortir des milliers d'étincelles ? Mais c'est surtout dans les trois derniers vers de ce passage que le galop des coursiers au milieu des armes éparses saisit irrésistiblement l'oreille :

> *E un incalzar di cavalli accorenti*
> *Scalpitanti sugli elmi a' moribondi*
> *E pianto ed inni delle parche il canto.*

Sous ce rapport, le poète italien nous semble avoir égalé les plus beaux passages d'Homère et de Virgile.

Les qualités originales de cette poésie sont de tous les âges, parce qu'elles sont le fruit tout ensemble de la hardiesse, du goût et de la raison. Et en effet, tout en lançant audacieusement son génie au delà des bornes que lui marquait la Crusca, l'auteur des *Tombeaux* ne puise pas son originalité dans le dévergondage de la forme ou de la conception. On ne le voit pas ramener sans but la langue à ses premiers bégaiements, mais il emprunte aux créations du génie de tous les âges les locutions qu'il croit indispensables à l'expression rapide de sa pensée; il ne court pas à la piste des rapprochements bizarres, mais l'inattendu de ses images surgit naturellement de la profondeur de ses impressions.

Cette poésie, qui a fait école en Italie, compte de nombreux imitateurs, mais tous sont demeurés bien loin de leur modèle.

En 1808, Foscolo occupa la chaire d'éloquence à l'université de Pavie; l'admiration que Monti y avait excitée quatre années auparavant par son fameux discours sur l'obligation d'honorer les grands hommes n'était pas encore éteinte; Foscolo triompha avec bonheur des dangers qu'offrait la comparaison. Le choix du sujet : De *l'Origine et de l'Office de la Littérature*, aurait pu devenir pour lui un nouvel écueil en ouvrant à son érudition, souvent indiscrète, un champ trop large pour un discours d'ouverture. Il sut s'y maintenir dans de justes bornes et allier la profondeur aux plus beaux mouvements de l'éloquence. Découvrant hardiment le berceau de nos connaissances, il nous montre la pensée, croissant avec les besoins de l'homme, bientôt traduite par le langage, source intarissable de nouveaux développements; puis, après avoir exposé comment du passage de l'état de nature à l'état de société découlent, comme autant de conséquences nécessaires, les lois, les rites et les traditions, il conclut en assignant pour base aux arts libéraux les monuments hiéroglyphiques, destinés à transmettre aux âges futurs les conquêtes de l'esprit humain. Dans la deuxième partie, consacrée exclusivement à l'office de la littérature, il met dans la bouche de Socrate une brillante théorie des devoirs de l'écrivain, qui est de tous les temps, parce qu'elle s'appuie sur la vérité ; il montre ensuite combien cette mission a été pervertie de nos jours, et il termine par ces belles paroles qu'il adresse à la jeunesse : « Cependant il existe encore en Italie des hommes privilégiés de la nature, formés à l'étude de la philosophie, d'une vie irréprochable, et qui gémissent sur la corruption et la vénalité des lettres mais qui, n'osant affronter la foule insidieuse des écrivains et les menaces de la fortune, vivent dans la retraite et se condamnent au silence. O mes concitoyens ! combien est vide la satisfaction qu'on éprouve à se sentir pur et éclairé, quand on ne fait aucun effort pour préserver sa patrie de l'influence des âmes viles et ignorantes !.....

« Prosternez-vous sur le sépulcre de nos grands hommes, apprenez d'eux comment ils furent nobles dans le malheur et comment l'amour de la patrie, de la gloire et de la vérité accrut la constance de leur âme et la sublimité de leur génie !..... »

Ce discours, qui suffirait à peindre Foscolo, ameuta contre lui cette tourbe de prétendus écrivains que l'ambition et la cupidité retiennent seules dans la carrière. « Ma première faute auprès des gens de lettres, » s'écrie-t-il lui-même, « ce fut mon discours sur l'office de la littérature. »

A ces persécutions devaient se joindre celles de la politique impériale. Foscolo se vit bientôt privé de la chaire d'éloquence qu'il occupait avec un très grand talent; le motif avoué de cette décision était une réforme à opérer dans le plan des études, mais il est à peu près démontré aujourd'hui qu'elle ne fut inspirée que par le refus du professeur d'accorder au roi des rois le tribut d'encens qu'il se croyait en droit d'attendre de tout fonctionnaire public.

En 1810, l'auteur des *Tombeaux* alla chercher une retraite dans les solitudes du beau lac de Côme. C'est là qu'il commença son poème favori des *Grâces*. Cette œuvre, inspirée par le groupe si connu de Canova, ne fut jamais achevée, bien qu'elle ait coûté à son auteur près de quinze ans de travail. C'est là aussi qu'il termina sa tragédie d'Ajax laquelle, malgré de grandes beautés, devait tomber au milieu des rires de tout l'auditoire; écoutée d'abord avec une religieuse attention, cette pièce, où l'imprévu des situations se fait généralement regretter, offrit au cinquième acte une sorte de jeu de mots qui provoqua incontinent l'hilarité générale : lorsque le grand prêtre, se montrant tout à coup au sommet d'une montagne, s'écria, tourné vers les spectateurs: « O Salamini ! » par une interprétation un peu grossière, il faut bien le dire, le public, se rappelant à ce mot certaines préparations de porc fort communes en Lombardie, feignit d'être l'objet d'une plaisante apostrophe et s'abandonna à toutes les licences d'une folle gaîté qui aurait défié les plus belles créations du génie. Il est fort probable que la froideur du sujet aurait empêché cette œuvre de se maintenir au théâtre; toutefois, en présence de pareils faits, on plaint naturellement le poète auquel une circonstance aussi puérile peut arracher en un instant le fruit de consciencieuses études.

Heureusement pour l'auteur, il trouva dans la malignité de ses ennemis un refuge pour son amour-propre. Le bruit s'étant répandu que l'intention principale de la pièce était de venger Moreau des injustices de l'Empereur, Foscolo négligea de se défendre et acquit ainsi à son œuvre le bénéfice de la persécution.

Cette fois, ce fut en Toscane que le poète tragique alla méditer sur son insuccès. Il y choisit pour retraite une petite maison des Camaldules, déjà rendue célèbre par le nom de Galilée, et dont on trouve la description dans le poème des Grâces.

L'insuccès qu'il avait rencontré ne l'ayant pas détourné du théâtre, il entreprit dans ce nouvel asile une tragédie dont le sujet fut cette fois emprunté aux temps modernes. La poésie de *Ricciarda* est pleine de force et d'élévation; mais, comme ses aînées, cette tragédie pèche par une excessive monotonie. L'auteur, malheureusement absorbé dans la peinture de cette mélancolie qui ne le quitta jamais, négligea l'emploi de ces contrastes qui, habilement ménagés, soutiennent l'attention des spectateurs et l'intéressent aux développements et à la péripétie d'une action théâtrale. *Ricciarda*, comme *Ajax* et *Thyeste*, ne pouvait donc avoir qu'un succès de lecture.

Pendant que Foscolo se livrait en Toscane à ses études

littéraires, les revers de l'Empereur amenaient une réaction complète dans l'état politique des peuples de l'Italie. Au mois d'avril 1814 les Milanais, désirant se soustraire à la domination autrichienne, semblaient prêts à tenter un dernier effort auquel notre poète s'associa de toute son énergie; il regagna immédiatement la Lombardie, où il fut promu au grade de chef d'escadron. Malheureusement, les projets de résistance s'évanouirent devant le traité de Paris.

Dans l'impuissance désormais de servir son pays les armes à la main, Foscolo lui donna une dernière preuve de son dévouement en rédigeant une adresse pleine de dignité pour réclamer, au nom des Milanais, la jouissance du régime constitutionnel. C'est par cette pièce remarquable qu'il fit ses adieux à l'Italie.

La Lombardie était devenue le partage de l'Autriche, et tout faisait présager que cette fois sa domination était irrévocable. Il restait encore pour Foscolo un moyen de se créer en Italie une brillante position : la rédaction d'une feuille littéraire lui était offerte par le gouvernement autrichien; jaloux de son indépendance, il refusa obstinément et crut devoir se retirer en Suisse.

Pendant le séjour qu'il fit à Zurich, il publia, sous le titre de *Dydimi Clerici hypercalypseos*, une satire latine dirigée contre ses persécuteurs littéraires. Cette œuvre, écrite dans le style prophétique de l'Apocalypse et remplie d'allusions obscures, ne pouvait avoir d'intérêt que pour un fort petit nombre de lecteurs; le public la laissa passer inaperçue.

On a en outre de Foscolo une remarquable traduction de l'Iliade, malheureusement inachevée, un volume de poésies diverses et des commentaires sur les œuvres de Dante, de Pétrarque et de Boccace, publiés pendant son séjour en Angleterre.

FOSCOLO

PEINT PAR LUI-MÊME

J'ai le front sillonné, l'œil cave et sérieux,
De belles dents, la lèvre animée et saillante,
Un beau cou, le poil fauve et l'air audacieux,
Le visage incliné, la poitrine puissante.

Ma mise est sans recherche et mes membres sont sains;
Pensers, marche, parole, en moi tout est rapide.
Prodigue, bienfaisant, loyal, sobre et rigide,
La fortune me fuit et je fuis les humains.

Hardi dans les combats, non moins qu'en ma parole,
Toujours pensif, souvent je murmure et m'isole;
Je suis tenace, prompt, inquiet, emporté;

Je suis riche en défauts comme en vertus. J'admire
La raison et je cours où le plaisir m'attire;
J'attends du seul trépas paix et célébrité.

LES TOMBEAUX

UGO FOSCOLO A HIPP. PINDEMONTE

A l'ombre des cyprès, dans l'urne tumulaire
Que viennent soulager les pleurs, se peut-il faire
Que nous trouvions moins dur notre dernier sommeil ?
Quand je ne verrai plus ici-bas le soleil
Féconder de ses feux les êtres et les plantes ;
Lorsque dans l'avenir les heures consolantes
Ne me berceront plus d'un espoir séducteur ;
Quand je n'entendrai plus ton vers plein de douceur,
Ni la Muse fidèle, ami, qui te l'inspire,
Et qu'en vain sur mon cœur glissera le sourire
Des neuf vierges du Pinde et des tendres amours
Qui de ma vie errante ont embelli les jours ;
Pour tous ces biens perdus, que me faut-il attendre
D'un marbre respecté qui sépare ma cendre
Des corps disséminés sous la terre ou les eaux ?
Pindemonte, est-il vrai que du fond des tombeaux
L'espoir lui-même ait fui ? que, dans la nuit profonde,
L'oubli doive engloutir l'immensité du monde ?

Qu'un pouvoir destructeur le fatigue en tous sens,
Et qu'enfin confondus, l'homme et ses monuments,
Et tous les corps semés ici-bas dans l'espace,
Tout, sous la main du temps, tout se transforme et passe?

Mais l'homme, avant le temps, devra-t-il se ravir
La douce illusion qui, voilant l'avenir,
Sur le seuil du néant l'attend et le ranime?
Tout est-il englouti dans le commun abîme
Pour l'être qui, privé de la splendeur du jour,
Peut encore éveiller des sentiments d'amour
Au cœur de tous les siens? Cette correspondance,
Qui semble prolonger ainsi notre existence,
Est sans doute un bienfait de la divinité ;
Par elle, que de fois un ami regretté
Revit auprès de nous, si la terre propice,
Qui le reçut enfant, lui tint lieu de nourrice,
Dans son sein maternel offre à ses ossements
Un asile assuré contre les éléments
Et les pieds destructeurs du passant sacrilège !
Et si, près de son nom que le marbre protège,
Un arbuste odorant, pour calmer ses douleurs,
Balance avec amour et son ombre et ses fleurs !

Celui de qui la mort ne fut jamais pleurée,
Cherche en vain le bonheur dans sa tombe ignorée ;
Si parfois son regard plonge au séjour des morts,
Il aperçoit son âme errant aux sombres bords,
Ou cherchant un abri sous les immenses ailes
Que le pardon de Dieu tend aux esprits rebelles ;

Mais sa poudre s'attache aux ronces du sentier
Où son amante en deuil ne vint jamais prier;
Désert où nul passant n'entendit le murmure
Que, du fond des cercueils, fait sortir la nature.

Cependant, aujourd'hui, des édiles nouveaux
Loin des regards aimés relèguent les tombeaux,
Et disputent aux morts leur nom et leur mémoire.
Et lui-même, ô Thalie ! il repose sans gloire
Le chantre qui, pour toi, dans son humble foyer,
Tressait avec amour les fleurs de ton laurier,
Et que tu réchauffais de ta verve comique
Lorsqu'il faisait pâlir sous son vers satirique
Le Lombard sybarite, heureux de son destin
Tant qu'il entend mugir sur les bords du Tessin
Le bétail qui nourrit son oisive opulence.
O Muse ! où te chercher dans ce profond silence ?
Au milieu des bosquets où, sous un autre ciel,
Je m'assieds et je rêve à mon toit maternel,
Je ne sens plus dans l'air la divine ambroisie
Dont l'âme en ta présence était toujours saisie.
C'est là qu'en souriant tu venais l'inspirer,
Sous ce tilleul épais qui semble murmurer
Et redemande en vain l'urne du vieux poète
Qu'il abrita longtemps sous son ombre discrète.
Peut-être en ce moment tes regards éperdus
Cherchent dans cette enceinte, où tous sont confondus,
Ton divin Parini ? Car sa ville honteuse,
De chanteurs énervés bassement amoureuse,
Dans ses murs oublieux ne l'a point honoré
D'un marbre où son grand nom fût encore admiré.

Peut-être, ensevelie auprès de sa dépouille,
La tête d'un bandit en ce moment le souille
Du sang de l'échafaud; peut-être chaque nuit
Il entend sur le sol, qu'elle fouille avec bruit,
S'approcher en hurlant une chienne affamée
Qui demande au cercueil sa proie accoutumée.
Près de lui, s'élançant d'un crâne desséché
Où, redoutant le jour, il se tenait caché,
L'affreux hibou s'ébat au milieu des ténèbres,
Vole parmi les croix et, de ses cris funèbres,
Accuse les rayons qui, des cieux étoilés,
Descendent réjouir les mânes désolés.
Pour ton poëte, ô Muse, en vain ta voix brisée
De la cruelle nuit implore la rosée;
Sur le sol des tombeaux il ne croit pas de fleurs
Si la gloire et l'amour ne l'ont baigné de pleurs.

Le jour où le mortel, fuyant la barbarie,
Eut enfin des autels, des lois, une patrie,
Prenant de son espèce un soin religieux,
Contre les animaux et l'air pernicieux,
Il abrita ce corps que des lois éternelles
Font revivre après nous sous des formes nouvelles.
La tombe offrit bientôt des fastes solennels
Et le fils pour prier y trouva des autels,
On y vint consulter les lares tutélaires;
Et le serment prêté sur l'urne de ses pères
Devint sacré pour l'homme: utile et noble foi
Que le temps consacra comme une sainte loi,
Et que, pour bien des ans, jointe aux vertus civiques,
La piété traduisit en rites symboliques.

Les temples saints n'ont pas offert dans tous les temps
Des tombes à fouler aux pieds des assistants,
Et souillé leur encens de fétides atômes ;
On n'a pas toujours vu dans l'ombre les fantômes
Parcourir les cités qu'ils frappent de stupeur.
On ne vit pas toujours, dans un sommeil trompeur,
La mère, repoussant le spectre qui l'appelle,
Couvrir de ses bras nus l'enfant à la mamelle
Pour écarter de lui ces cris mystérieux
Qui réclament, la nuit, des vivants oublieux,
Les prières des morts dont s'enrichit l'Église.
Mais autrefois, au souffle embaumé de la brise,
Le cèdre et le cyprès, se jouant des hivers,
Balançaient sur les morts leurs rameaux toujours verts,
Emblême gracieux de la longue mémoire
Qui survit à la tombe, et le lacrymatoire
Des parents affligés gardait les pleurs votifs.
Autrefois du défunt les amis attentifs,
Pour adoucir l'horreur de la nuit éternelle,
Ravissaient au soleil une vive étincelle,
Car l'homme en s'éteignant recherche sa clarté,
Et c'est en saluant cet astre regretté
Que le dernier soupir de notre cœur s'exhale.
Sur le sol consacré, des sources d'eau lustrale
Baignaient la violette et l'amaranthe en fleurs ;
Aussi, lorsqu'à la tombe ils contaient leurs douleurs
Et qu'ils versaient le lait sur l'autel funéraire,
Les survivants, assis sur un banc circulaire,
Croyaient déjà sentir se répandre autour d'eux
Les parfums enivrants du champ des bienheureux ;
Pieuse illusion qui prête tant de charmes

Aux jardins écartés où, l'œil baigné de larmes,
La fille d'Albion entretient chaque jour
La mère que le ciel ravit à son amour;
Où l'Anglais redemande à la tombe fatale
Ce héros [1] qui, vainqueur de la flotte rivale,
Dans le mât ennemi fit creuser son cercueil.
Mais partout où, fuyant l'inertie et le deuil,
La gloire a délaissé de honteuses murailles,
A quoi bon étaler l'éclat des funérailles?
A quoi bon le porphyre et l'or des monuments?
La tourbe des puissants, des riches, des savants,
La fleur et le soutien de la belle Italie,
Déjà, dans son linceul vivante ensevelie,
Ne forme dans les cours qu'un peuple adulateur,
Et leurs titres, leur rang sont leur unique honneur.
Puisse la mort un jour nous offrir un asile
Où, fuyant la vengeance et la haine civile,
Nous laissions en exemple à l'amitié, tous deux,
De nobles sentiments et des vers généreux!

A l'aspect des tombeaux où de grands noms se lisent,
Les nobles cœurs soudain s'épanchent, s'électrisent,
Et l'étranger parcourt d'un pas respectueux
La terre qui les porte: Aussi, lorsqu'à mes yeux
S'offrit le mausolée où dort ce grand génie [1]
Qui, des rois dévoilant à tous la tyrannie,
Arracha sans pitié, de leur front menaçant,
Les lauriers qu'ont flétris tant de pleurs et de sang;

---

[1] Nelson.
[2] Machiavel.

Quand je vis devant moi l'urne de ce grand homme
Qui fit un autre Olympe aux déités de Rome[1];
Quand j'aperçus le nom du savant immortel[2]
Qui vit à l'infini tournoyer dans le ciel
Des mondes reflétant un soleil immobile,
Et qui dans l'étendue ouvrit un champ fertile
Dont l'Anglais[3] après lui sonda les profondeurs :
Heureuse, m'écriai-je, ô toi, cité des fleurs,
Par ton air bienfaisant et par cette onde pure
Dont pour toi l'Apennin entretient le murmure!
La lune, chaque nuit, de ses feux les plus beaux
Éclaire avec amour les fertiles coteaux,
Espoir de ta vendange; et tes riches vallées,
De riantes villas et d'oliviers peuplées,
Font monter vers le ciel l'encens de mille fleurs.
O Florence, c'est toi qui, parmi les douleurs
Du barde gibelin[4], entendis la première
Le chant qui consola sa sublime colère.
Il te dut sa naissance et son gentil parler,
Le chantre[5] délicat qui sut si bien voiler
Cet amour libre et nu de la famille antique
Et le rendre aux baisers de la Vénus pudique.
Mais plus heureuse, ô toi qui près de tes autels
Nous montres réunis[6] tous ces fils immortels

---

[1] Michel Ange.
[2] Galilée.
[3] Newton.
[4] Dante.
[5] Pétrarque.
[6] Dans l'église de Santa Croce à Florence.

Dont l'Italie admire et chérit la mémoire.
Peut-être, hélas! sont-ils notre dernière gloire
Maintenant que du sort les retours si divers,
Livrant à l'étranger nos passages ouverts,
Nous ont ravi nos lois, nos dieux lares, nos armes,
Tout enfin, excepté la mémoire et les larmes!
Mais crois-moi, si jamais un réveil généreux
Appelle l'Italie à des jours plus heureux,
C'est là que nous viendrons consulter les augures.
Que de fois Alfieri, parmi tes sépultures,
Descendit s'inspirer! Muet et l'œil rêveur
Il errait, accusant dans sa noble fureur,
La patrie expirante et les dieux tutélaires
Dans ces lieux où l'Arno voit ses bords solitaires;
Puis, ne découvrant rien sur le sol des vivants
Qui ne vînt démentir ses rêves décevants,
Livide, il venait voir les morts, et leur présence
Rendait à son esprit le calme et l'espérance.
Parmi ces grands esprits descendu sans retour,
Il est là qui repose, et cet ardent amour
Qu'il eut pour la patrie anime encor sa cendre.

Oui, du fond des tombeaux un dieu se fait entendre;
C'est ce dieu qui veillait sur les Grecs triomphants,
Et du haut des autels qu'Athènes à ses enfants
Fondait à Marathon enflammait leur courage.
Quels prodiges l'Eubée offrait sur son rivage
Au nautonnier tremblant qui parcourait les mers!
Pendant l'horreur des nuits, d'innombrables éclairs
Se succédaient au choc incessant des épées;

De livides vapeurs partout enveloppées,
Les ombres des héros surgissaient en tous sens
Et, remplissant les airs de leur cris menaçants,
Se cherchaient, se heurtaient au milieu des ténèbres ;
On entendait au loin leurs trompettes funèbres,
Le roulement des chars qui, pénétrant les rangs,
Brisaient avec fracas les casques des mourants,
Et le chant de la parque et les pleurs des victimes.

Heureux, O toi, qui vins sur ces vastes abîmes
T'inspirer, Pindemonte, à la fleur de tes ans !
Si jamais ton pilote a tendu ses haubans
Au delà de Samos, sur ces plages antiques
L'Hellespont t'a conté ses fastes héroïques :
Sans doute on t'a fait voir ce sépulcre écarté
Où pour venger Ajax, les flots ont transporté
Ce noble bouclier que lui ravit Ulysse :
Sur le seuil de la mort se dresse la justice.
En vain Ulysse obtint, par ses discours adroits,
Un triomphe éclatant de la faveur des rois ;
Par les dieux infernaux la tempête excitée
Arracha de son mât la palme imméritée.
Pour moi, que le désir de la célébrité
Et le malheur des temps tour à tour ont jeté
Chez des peuples divers et sans route tracée,
Ce souffle inspirateur qui guide ma pensée
M'appelle à célébrer la gloire des héros.
Les muses à jamais veillent sur leurs tombeaux !
Et quand le temps en a balayé sous ses ailes
Jusqu'aux derniers débris, ces filles immortelles

Charment le sol désert, et leurs chants glorieux
Triomphent à jamais des siècles oublieux.

Aujourd'hui la Troade, en ruines féconde,
Offre un lieu remarquable aux souvenirs du monde
Par celle qu'honora de son divin amour
Le souverain des dieux, et qui donna le jour
A Dardanus, de qui bientôt sortirent Troie,
Puis les cinquante fils dont Priam fit sa joie,
Et Jules et sa race et le monde romain.
Aussi, quand de la parque elle entendit soudain
La voix qui l'appelait aux champs de l'Élysée,
Électre, s'affaissant comme une fleur brisée,
S'écria : « Jupiter, si ma beauté qui fuit
Et ces doux entretiens que protégeait la nuit
Furent chers à ton cœur, et si pourtant la vie
Avec si peu d'honneur devait m'être ravie,
Que les muses du moins, gardant mon souvenir,
Parlent de ton Électre aux siècles à venir ! »
Elle dit et mourut. A sa voix l'Empyrée
S'émut, et Jupiter sur la nymphe expirée
Aussitôt inclina son front majestueux
Et, consacrant ainsi ses restes précieux,
Il fit pleuvoir sur elle un fleuve d'ambroisie.
C'est sur ces bords sacrés de l'héroïque Asie
Que dort le sage Ilus et que, loin des remparts,
La Troyenne éplorée et les cheveux épars,
Espérant pour les siens des destins plus prospères,
Venait en vain prier sur l'urne de ses pères.
Là, s'inspirant d'un dieu qu'on méconnut toujours,
Cassandre d'Ilion prédit les derniers jours.

C'est là qu'à ses neveux, d'une voix attendrie,
Elle faisait aimer le sol de la patrie,
Et contre les destins armait leurs tendres cœurs.
« Si jamais », disait-elle, « échappant aux vainqueurs
Après avoir longtemps gardé dans l'Argolide
Les cavales d'Ulysse et du cruel Atride,
Vous revoyez ces lieux, vous ne trouverez plus
Troie et ses murs divins, ouvrage de Phébus;
Leurs débris fumeront sous un monceau de cendre,
Mais sa gloire et ses dieux avec vous vont descendre
Au fond de ces tombeaux, asile respecté,
Qui conserve au malheur son immortalité.
Et vous, palmiers, cyprès qu'ont plantés sur ces plages
Les filles de Priam et que de longs veuvages
Arroseront de pleurs, protégez mes aïeux !
Celui qui, respectant vos rameaux précieux,
S'abstiendra d'y porter la hache meurtrière,
Verra monter au ciel chaque jour sa prière
Et les dieux béniront son toit religieux.
O palmiers, ô cyprès, protégez mes aïeux !
Un jour un mendiant, privé de la lumière,
Parcourant à tâtons votre ombre hospitalière,
Descendra tout pensif dans ce lieu de repos
Et là, courbant son front sur l'urne des héros,
Il interrogera leurs cendres attentives;
Puis, soudain, inspiré par ces voûtes plaintives,
De Troie il redira la gloire et les revers;
On la verra deux fois par des retours divers
S'écrouler, et deux fois, par les dieux consolée,
Se relever plus belle, afin que de Pélée
La race obtienne un jour de plus nobles lauriers.

Le poète, apaisant l'ombre de ces guerriers,
Remplira de leurs noms et de notre constance
Tous les lieux que la mer ceint de son flot immense ;
Et toi, divin Hector, tu trouveras des pleurs
Partout où la patrie aura des défenseurs
Et tant que le soleil, dans sa marche féconde,
Éclairera la gloire et les malheurs du monde. »

GIOVANNI MELI

GIOVANNI MELI

La Sicile est justement fière des esprits éminents qui l'ont illustrée dans l'antiquité tels qu'Icetas, Dicéarque, Archimède, Stésichore, Ilycus, Empédocle, Théocrite, etc.
Sous son beau ciel, qui voit mûrir deux fois la moisson, et qui donne à ses vignes de si riches produits, on a rencontré dans tous les temps de nombreux improvisateurs et si, longtemps disputée par les princes étrangers qui l'envahirent et la gouvernèrent successivement, elle paraît n'avoir gardé aucun souvenir, pendant près de cinq siècles, des chants qu'elle a dû inspirer, elle peut citer dans les temps modernes des écrivains remarquables et des poètes vraiment dignes de ce nom; mais nul n'a acquis une aussi grande célébrité que Giovanni Meli dont les chants en dialecte sicilien ont trouvé des interprètes et des admirateurs au delà de la péninsule italienne.
Giovanni Meli naquit à Palerme le 4 mars 1740. Bien qu'il fût doué d'une grande intelligence et d'une

grande vivacité d'esprit, il ne donna dans son enfance aucune satisfaction aux pères Jésuites auxquels il avait été confié. Comme il le dit lui-même, non seulement son esprit ne put s'éclairer, mais au contraire il s'obscurcit de plus en plus dans les ténèbres de la scholastique. Ce n'est qu'après être sorti du collége que ses heureuses dispositions commencèrent à se développer, d'abord par la lecture des romans français et bientôt par l'étude des classiques italiens parmi lesquels il lut et relut de préférence le poème de l'Arioste et les œuvres de Métastase. Mais ce qui le caractérise c'est qu'il sut de très bonne heure prouver qu'il était doué à la fois d'une grande imagination et d'une égale aptitude pour les sciences exactes. Meli fut non seulement le poète le plus distingué de son temps, mais il pratiquait la médecine et s'appliqua à l'étude de la botanique et de la chimie. Il a laissé plusieurs ouvrages purement scientifiques mais ce sont surtout ses œuvres littéraires qui doivent nous intéresser ici.

Il n'avait pas encore vingt ans lorsqu'il écrivit la Fata galante, poème en huit chants, et il eut tant de succès que le prince Lucchesi Palli, poète lui-même et protecteur des lettres, offrit à son auteur l'habitation et la table dans son propre palais.

Désireux d'exercer une plus grande influence sur le peuple, dont il étudiait les mœurs et dont il voulait détruire les préjugés, il se décida bientôt à adopter le dialecte sicilien pour ses poésies écrites jusque-là en langue italienne.

Obligé de pourvoir aux besoins de sa mère et de sa famille, il excerça avec conscience sa profession de médecin. Doué d'une prodigieuse facilité, il trouva le temps de composer des idylles, des églogues, des sonnets, des odes, des canzone, des tircets, des poèmes, des élégies, des satires, des dithyrambes et des fables. Ses odes sont remarquables par leur élévation, ses dithyrambes ont toute l'ardeur des vins du crû, ses satires flagellent les vices et les abus à tous les degrés de l'échelle sociale.

Mais ce qui lui fait le plus d'honneur ce sont ses élégies, notamment Palémon et les pleurs d'Héraclite. Parmi ses poèmes on cite la Fata galante et D. Chisciotti qui n'est pas la traduction mais bien le complément spirituel et ingénieux de l'œuvre de Cervantes.

Meli était de petite taille, il avait le front large, les yeux pétillants d'esprit, un nez volumineux, les lèvres pâles et fortes, le menton très développé.

Nous croyons devoir donner ici quelques extraits d'une poésie dans laquelle il se peint lui-même en s'adressant à la cigale :

« Petite cigale, tu te tiens sur une branche toute la matinée, tu te caches la tête sous une feuille de pampre, comme sous une tente, et tu passes le jour à chanter. Tu es heureuse. Oh! combien la nature t'a prodigué ses biens. Dans ton humble position tu es à l'abri de toute embûche; la convoitise et l'ambition ne viennent point troubler ta paix . . . .

. . . .

Tu ne crains point l'ardente chaleur de l'été et les doux zéphyrs te saluent comme reine des campagnes parce que tu les animes par tes chants.

Quand Phébus est au milieu de sa course, tes notes réjouissent le passant fatigué, il se couche à l'ombre et, au son de ta voix, doucement il s'endort.

. . . .

Celui qui souvent s'étend à l'ombre aimable des bosquets, pour entendre ta cantate, se sent inspiré par Apollon et par les Muses. Tu diminues la fatigue du moissonneur brûlé par le soleil.

Anacréon lui-même t'a célébrée sur sa lyre et si ce génie, plein de grâce et d'éclat, a découvert en toi tant de prix que t'importe si la présomptueuse fourmi se moque de toi.

. . . .

Elle dit qu'elle se prépare pour les temps à venir; elle ajoute: « lorsque du ciel tomberont les flocons de neige tu t'écrieras, forcée par la faim et par le froid »: « je suis exténuée ». . . . .

« Je te répondrai va-t'en, ceci n'est pas une taverne; puisque tu t'es amusée à chanter tout l'été passe maintenant l'hiver à jeûner et, plus légère, tu n'en danseras que mieux. »

A cette avare inconsciente on peut dire: Si la vie se mesure aux efforts et qu'elle soit infinie garde-la pour toi, je crois que tu ne peux donner rien qui se puisse envier.

Si, au contraire, la vie est un don qui nous est accordé

pour en jouir, moi j'en goûte le meilleur en compagnie des Muses; j'ai vécu et j'ose dire que je ne mourrai pas tout entière.

Meli aimait ardemment sa patrie, qu'il désirait voir glorieuse et indépendante; aussi lorsqu'en 1815 Ferdinand II, restauré sur le trône de Naples et proclamé roi des Deux-Siciles, arracha aux Siciliens leur Parlement, leurs franchises et leur autonomie politique, Meli en conçut un tel chagrin que ses jours déclinèrent rapidement. Il mourut le 20 décembre de cette même année au milieu des regrets universels. Il fut inhumé dans l'église Saint-François de Palerme, où se lit une épitaphe qui rappelle ses vertus en lui accordant le titre de 2^d Théocrite et de 2^d Anacréon.

La ville de Palerme lui a élevé en outre un monument où le poète assis est couronné par Apollon suivi des Muses et de l'Amour; de l'autre côté le Temps enchaîné au pied d'un laurier brise sa faulx.

CHOIX DE POÉSIES

TRADUITES

DU POÈTE SICILIEN MELI

LA VOIX

POÉSIE ANACRÉONTIQUE

LA VUCI

Vola in aria 'na vucidda,
Cussì grata, cussì linna,
Chi lu cori già nni spinna;
Duci-duci si nni và.
L'amurini sutta l'ali
L'equilibranu suspisa;
Ora cala ed ora jisa,
Ora immobili si s'à.

D'ogni pettu e d'ogni cori
Com'avissi già la chiavi,
Duci, tenera, e suavi,
L'apri e chiudi a gustu sò.
Trasi dintra sinu all' alma,
La sulleva, l'accarizza,
Cu 'na grazia, 'na ducizza,
Chi spiegari nun si pò.

LA VOIX

Il est dans les airs une voix si pure,
Un souffle si doux et si gracieux,
Que le cœur soupire après son murmure
Et qu'en l'écoutant il s'envole aux cieux.
La faisant asseoir sur sa petite aile,
L'amoureux zéphir aime à la bercer.
On le sent monter, descendre avec elle
Puis dans le silence ils vont se poser.

On dirait parfois qu'un heureux génie
Lui donne la clef des cœurs amoureux,
A la voir ainsi touchante et bénie,
S'y faire un chemin au gré de ses vœux.
Quand elle descend dans l'âme attentive,
Elle y fait glisser un si doux baiser,
Elle a tant de grâce, elle est si naïve,
Que l'esprit s'épuise à le retracer.

Quannu flebili e dulenti
Duna corpu a li duluri,
L'arpa stissa di l'Amuri
Nun è tenera accussì.
Quannu poi scappannu vola;
Quannu poi si ferma e trilla,
Pari a nui, chi l'aria brilla,
Tuttu è allegru, tuttu è insì.

S'idda rumpi qualchi nota;
Da li Grazj persuasa,
Già lu stomacu nni scasa,
Nun si ciata affattu cchiù;
Quannu sempri sminuennu,
Quasi manca, quasi mori,
Si fa stragi di li cori,
Dillu, amuri, dillu tù?

Qu'elle est belle aussi lorsqu'au sein des larmes
Elle fait parler nos moindres douleurs;
La lyre d'Éole a bien moins de charmes,
Lorsqu'elle gémit au milieu des fleurs,
Puis, lorsqu'en ses chants elle éclate et vole,
Lorsqu'elle se joue en trilles joyeux,
Tout, autour de nous, s'anime et console,
Et le ciel plus pur réjouit nos yeux.

Si parfois son chant, coupant une phrase,
Soutient avec art des sons ravissants,
Le cœur bat plus vite et l'âme en extase
Dans le corps ému demeure en suspens.
Enfin, quand la voix doucement expire
Et semble s'éteindre au sein du plaisir,
O! petits amours, vous pouvez le dire,
Que de cœurs séduits rêvent le désir!...

LA LÈVRE

POÉSIE ANACRÉONTIQUE

LU LABBRU

Dimmi, dimmi, apuzza nica,
Unni vai cussì matinu?
Nun cc'è cima chi arrussica
Di lu munti a nui vicinu;

Trema ancora, ancora luci
La ruggiada 'ntra li prati,
Duna accura nun ti arruci
L'ali d'oru dilicati!

Li ciuriddi durmigghiusi
'Ntra li virdi soi buttuni
Stannu ancora stritti e chiusi
Cu li testi a pinnuluni.

Ma l'aluzza s'affatica!
Ma tu voli e fai caminu!
Dimmi, dimmi, apuzza nica;
Unni vai cussì matinu?

LA LÈVRE

Dis-moi, dis-moi, petite abeille,
Où vas-tu d'aussi bon matin ?
Nulle tige encor n'est vermeille
Sur le penchant du mont voisin.

Partout sur les gazons humides
La rosée étincelle encor.
Crois-moi, crains ses gouttes limpides
Pour tes petites ailes d'or.

Vois comme la fleur qui repose
Au sein de son bouton brillant
Étroitement y reste close
Et penche sa tête en avant.

Mais ta petite aile se lasse !
Pourquoi poursuivre ton chemin ?
Abeille, écoute-moi de grâce !
Où vas-tu d'aussi bon matin ?

Cerchi meli ? e s'iddu è chissu,
Chiudi l'ali, e 'un ti straccari :
Ti lu 'nzignu un locu fissu,
Unni ai sempri chi sucari;

Lu conusci lu miu amuri,
Nici mia di l'occhi beddi ?
'Ntra ddi labbra cc'è un sapuri
'Na ducizza chi mai speddi.

'Ntra lu labbru culuritu
Di lu caru amatu beni,
Cc'è lu meli cchiù squisitu,
Suca sucatu ca veni.

Dda cci misi lu piaciri
Lu so nidu 'ncilippatu
Pri adiscari pri rapiri
Ogni cori dilicatu.

A lu munnu 'un si pò dari
Una sorti cchiù felici,
Chi vasari, chi sucari
Li labbruzza a la mia Nici.

Chercher du miel ? Ta peine est inutile ;
Ferme ton aile : ici je puis t'offrir
Un endroit où, toujours tranquille,
Tu pourras sucer à loisir.

Connais-tu ma belle maîtresse,
Ma Nice aux regards enchanteurs ?
Sa lèvre distille l'ivresse
Et d'inépuisables douceurs.

Crois-moi, sur la lèvre de rose
De ma Nice, de mes amours,
Le miel le plus exquis repose :
Suce, il viendra, suce toujours !

C'est là que le plaisir fidèle
Vient poser son nid ravissant ;
C'est là qu'il attire et recèle
Tout cœur sensible et caressant.

Aussi pour moi, dans cette vie,
N'est-il pas de sort plus heureux
Que de presser, Nice jolie,
Ta lèvre aux baisers gracieux.

LE SOURCIL

LU GIGGHIU

La benna laccra,
Spinnatu tuttu,
Chiancia Cupidini
A chiantu ruttu:
Rucculiavasi
Pallidu e zarcu;
Me matri Veneri
Mi rumpiu l'arcu.
O! beni stijati
(Cci disci allura):
Tu si diavulu,
Non criatura;
'Ncrepati, ruditi;
Si: cci aju gustu,
Almenu termina,
Speddi stu sustu.
A st' improperj
S'ingatta e taci;

Ma dintra è turbidu
Nun trova paci.
Posa lu guvitu
Supra di un ciuri,
Finci di dormiri,
Ma 'un dormi Amuri.
Poi tuttu 'nzemmula
Pigghiannu ciatu,
Grida: Vittoria,
L'arcu à truvatu;
L'arcu infallibili,
Chi va pri milli,
È l'adorabili
Gigghiu di filli.
Dissi: e di un subitu
Scuccannu un dardu;
Si 'ntisi un murmuru:
Ahi! Ahi! com 'ardu!

LE SOURCIL

Le bandeau déchiré, déplumé, tout en larmes
Cupidon s'écriait: « Vénus m'a pris mes armes,
Elle a brisé mon arc. » — « C'est bien fait, tu n'es pas, »
Répondis-je, « un enfant, mais un diable, ton cas
Me ravit, il est temps que ton règne finisse. »
Près de moi Cupidon en tapinois se glisse,
Pose sur une fleur son coude et, pour bannir
Le trouble qui l'agite, il feint de s'endormir ;
Mais l'amour ne dort pas, devenu plus tranquille :
« Victoire ! j'ai trouvé mon arc, il en vaut mille,
C'est le charmant sourcil des filles, dans ma main,
Se dit-il, c'est une arme infaillible. » Et soudain
Une flèche est partie, et dans les airs circule
Un murmure plaintif, aïe ! aïe ! Ah ! que je brûle.

DON QUICHOTTE

———

LAMENTATION

D. CHISCIOTTI

D. CHISCIOTTI

Sutta un' antica quercia,
Chi attraversu spurgia da un vausu alpestri,
Cù 'na manu a la frunti, D. Chisciotti
Mestissimu sidia: 'na rocca allatu
Di chiáppari cuverta, e la pinnenti
Areddara d'attornu a la sua cima
Facianu pavigghiuni a la sua testa;
Ripusava oziusa la gran spata
'Ntra la purvuli e l'erva: a un virdi ramu
Stava appujata l'asta di la guerra,
Sutta un vrazzu lu scutu, e l'elmu a terra.

DON QUICHOTTE -- LAMENTATION

Assis sur un rocher désert que dominait
Un chêne au large tronc, Don Quichotte tenait,
Appuyé sur sa main, son front à la torture.
Un lierre, un câprier, confondant leur ramure,
Formaient comme une tente où s'abritait ce preux.
Son glaive reposait sur le gazon poudreux,
Sur l'arbre s'appuyait sa longue arme de guerre,
Sur lui son bouclier, son casque était à terre.

Comu nuvuli densi di molesti
Minutissimi insetti a scheri a scheri
L'amurusi pinseri
S'affuddavanu tutti a la sua menti;
'Ntra li suspiri ardenti,
Quasi accisu Vulcanu, lu so pettu
Fumu e ciammi esalava:
E mentri intornu intornu
Li valli e li furesti
Taciti, attenti e mesti
Si stannu spittaturi a la gran scena,
Cussì cantannu sfoga la sua pena.

Munti e vausi, menu duri
Di lu cori di dd'ingrata,
Petri, trunchi, erbetti e ciuri
Chi adurnati sta vallata,
Deh! salvatimi d'amuri,
Chi mi à l'alma trapanata;
O parrati vui pri mia
A la cara Dulcinia.

Ciumiceddu lentu lentu
Chi di l'unni cristallini
Vai spargennu lu lamentu
A li voscura vicini
Di stu cori lu tormentu
Dimmi tu si avirrà fini?
Ah! dumannaci pri mia
A la cara Dulcinia.

Comme un nuage épais d'insectes venimeux

Irritants, irritants, les soucis amoureux

Tourmentaient son esprit et plaintive, enflammée

Sa poitrine exhalait ses feux et sa fumée

Comme fait un volcan et, tandis qu'en ces lieux,

Les vallons et les bois tristes, silencieux

Assistaient attentifs à cette grande scène,

En chantant, comme il suit, il soulagea sa peine:

O monts, rochers moins durs que le cœur si cruel

De mon ingrate, ô fleurs, dont la terre est ornée,

Sauvez-moi d'un amour dont le dard est mortel,

Ou fléchissez pour moi ma chère Dulcinée.

Petit ruisseau plaintif, qui répands lentement

Ton onde cristalline à travers la vallée,

Dis-moi quand je verrai la fin de mon tourment,

Et ramène vers moi ma chère Dulcinée.

Zefiretti, chi lascivi
Cu lu ciatu innamuratu
Li mei ciammi ardenti e vivi
Cchiu m'aviti oime! sbampatu,
Ah! squagghiati vui la nivi
Di ddu cori, ch'è 'ngnilatu,
Accio bruci, comu mia
La mia cara Dulcinia.

Occidduzzi chi cuntenti
'Ntra li rami e 'ntra li ciuri
A lu Suli gia nascenti
Intricciati inni d'amuri,
Deh! pristatimi l'accenti,
Cussi grati e cussi puri;
Acciò gratu, e accettu sia
A la cara Dulcinia.

Da sti vausi, unn'eu m'aggiru,
Miu tirannu amatu Beni,
L'aria stissa, ch'en respiru,
Missaggera a tia già veni;
Porta acchiusi 'ntra un suspiru
Li mei crudi acerbi peni;
D. Chisciotti è chi l'invia
A la cara Dulcinia.

Et vous, petits zéphyrs, dont le souffle amoureux

Attise sans pitié ma flamme infortunée,

Faites fondre la glace, afin qu'aux mêmes feux

Puisse brûler pour moi le cœur de Dulcinée.

Oiseaux, qui si gaîment saluez le retour

Du soleil, sous les fleurs et la verte feuillée,

Prêtez-moi vos accents et vos hymnes d'amour,

Pour que je charme aussi ma chère Dulcinée.

L'air qu'on respire ici, du rocher où je suis

Transmet à mon tyran, porte à ma bien-aimée,

Dans un soupir, ma peine et mes cruels ennuis,

Reçois-le de ma part, ma chère Dulcinée.

PALÉMON

IDYLLE

POLEMUNI

Supra un ruccuni, chi si specchia in mari
Rusicatu da l'unni e li timpesti,
Chi orribili e funesti
Solinu 'ntra ddi grutti rimbumbari:
Duvi lu solitariu so nidu
L'aipi cu vuci rauchi e molesti,
Assurdannu ogni lidu,
Solinu spissu uniti visitari,
Scuntenti, e cu la testa appinnuluni
Sidia lu sventuratu Polemuni.
    Polemuni chi saggiu conuscia
L'aspettu di li stiddi e li pianeti;
    E quali d'iddi è ria,
    E quali cu benigna luci e pura
    Prumetti ed assicura

PALÉMON

Il est un roc qui voit au sein des mers
Se dessiner sa formidable crête,
Et dont les flancs, minés par la tempête,
Du bruit des eaux épouvantent les airs.
Seul, Alcyon, de ses plaintes sauvages
Attristant chaque jour ces solitaires plages,
Y vient chercher un nid pour ses amours.
C'est là qu'assis et la tête baissée,
Palémon, sans espoir, de sa triste pensée
Suivait péniblement le cours.
Le sage Palémon, de la voûte céleste
Savait interroger les corps mystérieux ;
Il savait au nocher quelle étoile est funeste ;
Quel astre, découvrant son disque radieux,
Promet et donne à la mer soulevée

Paci, bunazza e tempi assai discreti;
Conusceva l'influssi cchiù segreti
Di l'ursa granni, chi nun vivi mai:
    Di Castori e Polluci
    Lu beneficu raggiu:
    Di li Pleadi acquusi
Lu nuvulusu aspettu: e di Oriuni,
    Chi torbidu riluci,
Previdia li tempesti: e di li venti
L'induli chi cumanna all' elementi;
Pirchì supra 'na spiaggia l'avia apprisu
Da Proteu stissu, chi di la sua grutta,
    Comu fussi vicinu,
Leggi in frunti di Giovi lu distinu.
Ah distinu tirannu! e chi cci giuva
    A Polemuni lu so gran sapiri,
    Si tu cci si 'nnimicu?
    Si poveru e mendicu,
    Disprizzatu da tutti.
Nun trova amanti cchiù, nun trova amicu!
    Guardalu 'ntra ddu scogghiù,
    Cu 'na canna a li manu,
Sulu, e spiritu in attu di piscari!
Chi sfoga lu so affannu cu cantari!

    (*Polemuni canta.*)

    Sù a lu munnu e un sacciu comu;
    Derelittu e in abbandunu!
    Nè di mia si sà lu nomu!
    Nè pri mia cci pensa alcunu!

Un calme heureux, aux moissons, de beaux jours.
Il connaissait à fond l'influence et le cours
De l'Ourse que Thétys n'a jamais abreuvée ;
   Des deux Gémeaux le fortuné concours,
Et l'aspect nébuleux des Pléiades humides,
Du géant Orion, fécond en ouragans,
   Il prévoyait les mouvements perfides ;
   D'Éole, enfin, maître des éléments,
Il connaissait le redoutable empire.
De ces divins secrets, mortel favorisé,
Par Protée, autrefois, il s'était fait instruire.
Protée, à qui l'espace en vain est opposé,
   Et qui, du fond de sa grotte profonde,
Sur le sourcil du Dieu lit le destin du monde !
   Cruel destin ! tyrannique pouvoir !
Que sert à Palémon son immense savoir,
     Si tu n'as pour lui que des peines ;
     Si, pour tous objet de pitié,
Longtemps de la misère il doit porter les chaînes ;
S'il voit fuir devant lui l'amour et l'amitié ?
   Regarde-le, sur le roc solitaire,
Il s'apprête à lancer sa ligne au sein des flots ;
Et, succombant au poids de sa misère,
Il chante, et sa douleur s'exhale avec ces mots :

   (Palémon chante.)

   De ma naissance ignorant le mystère,
   Je suis au monde, isolé, sans secours ;
   Et, dans les cœurs fermés à ma misère,
     Mon nom s'est éteint pour toujours.

Chi m'importa, si lu munnu
Sia ben granni e spaziusu,
Si li stati mei nun sunnu,
Chi stu vausu ruinusu :

Vausu, tu si la mia stanza ;
Tu, cimedda, mi alimenti ;
Nun ajù autra spiranza ;
Siti vui li mei parenti.

Cca mi trovanu l'alburi ;
Cca mi trova la jilata ;
Cca chiantatu in tutti l'uri
Paru un 'alma cunnannata.

Si a qualchi aipa, cchiù vicina,
Cci raccuntu li mei peni,
Già mi pari chianciulina,
Ch' ascutannu si tratteni.

'Na lucerta, amica mia,
Di la tana un pocu 'nfora,
Piatusa mi talia
Chi cci manca la parola.

'Ntra silenzj profunni
Ogni grutta chianci e pena ;
Di luntanu, ohimè ! rispunni
A l'afflitta Filomena.

Je le sais, par un monde immense,
L'espace, au loin, est occupé;
Mais qu'importe, si ma puissance
S'arrête à ce roc escarpé?

O roc! je n'ai que toi pour abriter ma tête,
Que ma ligne pour me nourrir!
Je n'ai plus d'autre espoir au sein de la tempête,
Plus d'autres amis à chérir!

C'est là qu'accomplissant ma triste destinée,
Chaque jour j'attends l'aube et la brise du soir;
C'est là que, paraissant une âme condamnée,
Je suis enchaîné sans espoir.

Qu'un alcyon s'approche du rivage,
Si je lui conte mes malheurs,
Attentif, il s'arrête, et dans son œil sauvage
Je crois voir briller quelques pleurs.

Puis, se montrant au bord de sa cachette,
Un lézard, qui semble m'aimer,
Me regarde, et je lis sur sa tête inquiète
Les mots qu'en vain il veut former.

Enfin, sensible à ma souffrance,
Chaque grotte paraît gémir;
Et, redite aux échos, au sein d'un calme immense,
De Philomèle au loin la plainte va mourir.

Jeu fratantu all'aria bruna,
Di li stiddi a la chiaria,
Cercu in chiddi ad una ad una,
La tiranna stidda mia.

Quali viju cchiù sanguigna,
Quali scopru cchiù funesta,
Già la criju dda maligna,
Chi mi fulmina e tempesta.

Unni gridu: O ria potenza
Chi abitannu dintra ss'astru,
Chiovi in mia la quint'essenza
D'ogni barbaru disastru;

Si tu allura previdisti,
Ch'avia ad essirni di mia,
Ed un scogghiu 'un mi facisti,
Si la stissa tirannia.

Si tu sì cu sennu e menti,
Potestà d'autu intellettu,
Pirchì un vili omu di nenti
Ai pri to nimicu elettu?

Quali gloria ti nni veni,
Numi barbaru e inumanu,
Di li mei turmenti e peni,
Si la forza è a li toi manu?

Pour moi, dès que le sombre voile
Sème les astres dans les cieux,
Je les suis tour à tour pour découvrir l'étoile
Qui me tyrannise en tous lieux.

S'il en est une ensanglantée
Dont l'aspect me frappe d'horreur,
Je crois voir la flamme irritée
Qui brûle et torture mon cœur.

Puis, je m'écrie : O puissance ennemie,
Qui, te cachant sous ce voile imposteur,
Dans mon esprit verses jusqu'à la lie
Les pleurs amers qu'entretient la douleur !

Quand je naquis, si ton livre infaillible
Te découvrit mon avenir cruel,
Je devais être une pierre insensible,
Où les tyrans te doivent un autel.

Si ta superbe intelligence
T'ouvre des secrets éternels,
Convient-il bien à ta puissance
De s'attaquer au plus vil des mortels ?

Pour toi, sans doute, ô génie implacable !
Il est grand, il est glorieux
D'accabler sous les coups de ta main redoutable
Un ennemi, du haut des cieux !

Jeù li vittimi cchiù cari
T'aju forsi profanati?
Ma nè tempj, nè otari
A tia trovu cunsagrati.

Quannu afflittu e vilipisu
Qualchi vota mi lamentu,
Culpi tu ca mi cci ai misu
'Ntra ssu statu violentu.

Quali barbaru tirannu,
Mentri brùcia ad un mischinu,
Cc' impedisci 'ntra dd' affannu,
Lu gridari di cuntinu?

Si 'na tigri, già lu viju,
Chi ti pasci di lamenti :
Lu to spassu, e lu to sbiju
Su li mei peni e turmenti.

Una 'un passa, autra è vinuta ;
Sù spusati peni a peni ;
L'una e l'autra s'assicuta,
Comu l'unna chi và e veni ;

Ah! meu patri lu predissi,
E trimava 'ntra li robbi :
Ch'eu nascivi 'ntra l'ecclisi ;
E chiancianu li jacobbi.

Aurais-je donc pendant tes sacrifices
Porté la main sur tes autels sacrés ?
Mais qui jamais a vu tes édifices ?
Où sont les lieux qui te sont consacrés ?

Si trop souvent ma voix avec courage
   T'accuse et trouble ton repos,
Ne te plains pas ; mes pleurs sont ton ouvrage :
   N'es-tu pas l'auteur de mes maux ?

Le plus cruel tyran, pendant qu'il livre aux flammes
   Les victimes de ses fureurs,
Refoule-t-il jamais dans le fond de leurs âmes
   Les gémissements et les pleurs ?

Je le vois, tigre sanguinaire,
Tu te repais de nos douleurs ;
Et nul mets ne saurait te plaire
S'il n'est arrosé de mes pleurs.

De mes maux la chaîne brûlante
M'arrache un continuel sanglot ;
Ainsi fait la vague incessante,
Ainsi le flot pousse le flot.

Ma naissance en offrit le funeste présage,
Et mon père attentif sentit son cœur gémir
Lorsque soudain, Phébus se voilant le visage,
   L'oiseau des nuits vint à gémir.

Si mai vitti umbra di beni,
Sulu fu pri tirannia,
Acciò fussiru li peni,
Cchiù sensibili pri mia.

Da miu patri a mia lassati
Foru varca, nassi e riti.
Tannu tutti eramu frati,
Tutti amici e tutti uniti.

Si vineva da la pisca,
Curria menzu vicinatu;
Facia Nici festa e trisca,
Stannu sempri a lu miu latu.

Si tardava ad arrivari
La mia varca pr'un momentu,
La vidia' ntra un scogghiu a mari,
Chi parrava cu lu ventu;

E in succursu miu chiamava
Quanti Dei 'ntra li sals'unni
L'ampiu oceanu nutricava,
Pri ddi soi strati profunni.

Quannu, ahimè, poi si canciau
La mia sorti ingannatrici,
'Ntra un mumentu mi livau
Varca, riti, amanti, amici.

Si parfois la fortune a daigné me sourire,
    Ce fut pour torturer mon cœur,
Et pour y raviver par un cruel délire
    Les angoisses de la douleur.

Mon père en expirant me donna sa nacelle
    Et ses lignes et ses filets,
Chacun alors m'aimait, jurait d'être fidèle,
Nous étions tous unis, tous frères à jamais.

Repliant mes filets, retournais-je au rivage,
    Je voyais chacun accourir,
Et Nice, me montrant toujours un gai visage,
Par ses jeux enfantins savait me réjouir.

Si par hasard de ma barque attendue
    J'avais retardé le retour,
Nice, entre deux rochers, sur les flots suspendue,
    Disait au vent sa peine et son amour.

Puis, des autans redoutant l'inclémence,
Elle implorait pour moi les efforts protecteurs
De tous les dieux que l'Océan immense
    Recèle dans ses profondeurs.

Mais sous les coups du sort une affreuse détresse
    Bientôt, hélas! vint m'assaillir.
Depuis ce jour, filets, nacelle, amis, maîtresse,
    Tout s'est enfui, pour ne plus revenir.

Quannu pensu a dda nutatta,
Pri l'affannu chianciu e sudu :
'Na timpesta spiatata
Mi ridussi nudu e crudu.

Canciau tuttu 'ntra un' istanti
La miseria mi circunna;
E lu jornu chiù brillanti
Pari a mia notti profunna

Cussi l'afflitu si lagnava, e in tantu
L'unni, li venti, e tutta la marina
Fermi ed attenti ascutanu; e li figghi
Di Nereu 'ntra li lucidi cunchigghi
Versanu perni 'ntra singhiuzzi e chiantu.
Nun c'è cui fazza strepitu; anzi tutti,
Cu silenziu profunnu
S'impegnanu, acciochi li soi lamenti
Ripercossi da l'ecu 'ntra li grutti,
Putissiru a lu celu iri vicinu,
Pri placari lu barbaru destinu.

Ma chi ! l'aspru, inflessibili tirannu
'Ntra lu comuni affannu,
Timennu, chi pietà nun lu vincissi,
S'arma lu pettu duru e azzariatu,
Di setti scogghi e setti vausi alpini,
E all' oricchi vicini
Accenni trona fulmini es timpesti,
Pr'un sentiri ddi vuci aspri e funesti.

Quand je songe à la nuit où la mer courroucée
Engloutit tous mes biens sous ses flots ravisseurs,
Je sens dans tout mon corps une sueur glacée,
    Et mes yeux se couvrent de pleurs.

Un seul instant changea ma fortune infidèle !
Depuis lors, au malheur condamné pour toujours,
Je me vois entouré d'une nuit éternelle,
Car pour le malheureux il n'est pas de beaux jours.

Ainsi l'infortuné déplorait sa souffrance,
Tandis qu'autour de lui, les ondes et les vents
Et tous les dieux marins écoutaient en silence.
Les filles de Nérée, à ces tristes accents,
S'émeuvent; et bientôt, sur leurs conques brillantes,
S'écoulent à la fois les perles et les pleurs;
Dans les airs contenus, sous les eaux transparentes,
Tout se tait, tout est calme, afin que ses douleurs,
Redites librement par les grottes plaintives,
Sur l'aile des échos aillent frapper les cieux,
Et fléchissent enfin le destin odieux.

Mais en vain la douleur tient les mers attentives,
Vainement tout s'émeut!.... Le tyran inhumain,
Par sept fois insultant à la pitié commune,
De rocs amoncelés couvre son cœur d'airain ;
Puis, voulant étouffer une plainte importune,
Il déchaîne à ses pieds d'horribles ouragans,
Et du bruit de la foudre épouvante les mondes.

A tanta crudeltà freminu l'unni,
Li venti, e la marina ampia famigghia
Si turba e si scumpigghia;
E intorbidati poi li vii profunni,
Criscinu munti supra munti;
Disprezzannu li limiti e sotannu,
Supra lu scogghiu unn' era Polemuni,
L'agghiutinu, e lu levanu d'affannu:
Ed in menzu a li vortici cchiù cupi,
Vuci s'alzau, chi flebili e dulenti
Squarciau li negghi, e dintra li sdirrupi
'Ntunannu ripiteva amaramenti:
„*Pri l'infelici e li disgraziati*
„*Qualchi vota è pietà si l'ammazzati.*"

A tant de cruauté les ondes et les vents,
Tout frémit. Les tritons, pour cacher leurs tourments,
Regagnent à la fois leurs retraites profondes.
Et bientôt, ébranlés par de sourds mouvements,
Les flots couvrent les flots de montagnes roulantes.
Vainement le rocher s'oppose à leurs fureurs....
Palémon, englouti sur les eaux mugissantes,
Voit s'éteindre à la fois sa vie et ses douleurs.
On dit qu'en ce moment une voix lamentable,
Dont les écueils au loin parurent s'émouvoir,
Fit entendre ces mots dans l'abîme implacable :
« La mort est un bienfait pour qui n'a plus d'espoir. »

LES
PLEURS D'HÉRACLITE

ÉLÉGIE

LU CHIANTU DI ERACLITU

Nivura malincunia, tu chi guverni
Cu lu to mantu taciturnu e cupu,
L'immensi orruri di li spazj eterni,
   A tia 'ntra li deserti urla lu lupu;
Pri tia la notti lu jacobu mestu
Di luttu inchi la valli, e lu sdirrupu;

   La scura negghia di cui l'alma vestu
Mi strascina pri forza, e mi carria
   A lu to tronu orribili e funestu.
   L'umbri caliginusi, amaru mia !
   Unni sedi la morti e lu spaventu,
   Sù la mia sula, e infausta cumpagnia.

LES PLEURS D'HÉRACLITE

Mélancolie, ô toi, souveraine des ombres,
Qui, glissant lentement, étends tes ailes sombres
Sur les gouffres profonds qu'entretient l'univers ;
C'est pour toi que le loup hurle dans les déserts,
Et que l'oiseau des nuits, parcourant les ténèbres,
Attriste les échos de ses plaintes funèbres !

Un nuage incessant, enveloppant mon cœur,
L'entraîne sans pitié vers ces champs de douleur
Où trône à tout jamais ta majesté funeste.
Malheureux que je suis ! nul ami ne me reste,
Et je n'ai désormais pour partager mon sort,
Que l'horrible épouvante et l'ombre de la mort.

Purtatu supra l'ali di lu ventu,
Murmura 'mmenzu l'arvuli e li grutti
Di l'afflitti murtali lu lamentu.
Fatta centru a li lastimi di tutti
L'infelici alma mia china d'affannu,
Lu tristu amaru calici s'agghiutti.

Chist' atomi, ch'eu staju respirannu,
Sù li suspiri di tanti mischini,
Chi stannu a st'ura l'anima esalannu;
Sti terri ch'eu scarpisu sularini,
Sunnu (oh vicenni infausti, e lagrimusi !)
Sù di regni e citati li ruini;

St'ervi, sti pianti, st'arvuli frundusi
Sù cadaveri d'omini e di bruti,
Cu terra ed acqua 'nzemmula cunfusi.
Cci stannu attornu friddi e irrisoluti
L'umbri cumpagni antichi; e li scuntenti
Sù cundannati a stari sempri muti.

Volanu intantu l'uri, li mumenti;
E ogn'unu d'iddi porta supra l'ali
Stragi, ruini, guai, travagghi, e stenti.
L'origini qual'è di tanti mali?
Lu sensu; oimè! lu sensu chi repugna
D'unirsi a corpi fragili, e murtali.

Cussì tirannu l'omu vivu incugna
A un cadaveru pùtridu, ed unisci,

Recueilli chaque jour par les autans fidèles,
Le cri des affligés s'élève sur leurs ailes,
Et fait mugir au loin les grottes et les bois ;
Et mon cœur, comme un centre où tendent à la fois
Tous les rayons épars des misères humaines,
Dans son calice amer reçoit toutes les peines.

Ces atomes de l'air, que j'aspire en tous lieux,
Sont les derniers soupirs qu'élèvent vers les cieux
Tous ceux que fait pâlir la mort inexorable.
Et pourtant (vanité d'un monde périssable !)
Sous le sol triste et nu que rencontrent mes pas
Ont brillé des cités et de puissants états !

Ces arbres, que j'admire au sein de la nature,
Ces gazons et ces fleurs puisent leur nourriture
Dans un mélange abject d'êtres, de fange et d'eau ;
Et parmi ces débris qui furent leur berceau,
Errent irrésolus les spectres lamentables
Dont nous cherchons en vain les voix insaisissables.

Chaque heure dans son sein voit les moments cruels
Semer incessamment sur le sol des mortels
Les soucis, la douleur, la guerre et la famine.
Mais du mal, parmi nous, quelle est donc l'origine?
C'est l'esprit immortel qui tend à s'affranchir
Du contact flétrissant d'un corps né pour mourir.

Oh ! qui peindra jamais l'horrible tyrannie
Qui réunit dans l'homme un cadavre à la vie,

Carni a carni, ossa ad ossa, ed ugna ad ugna.
Si lu sensu a li Dei si riferisci,
Quali fatalità barbara, e ria
A stu signu l'umilia, e assuggettisci.

Piaci forci a li Dei la tirannia ?
O forsi si dirrà: chi cchiù potenti
D'iddi lu fatu, e lu destinu sia ?
Forsi è in pena di l'omu sconoscenti ?
Ma pirchi nni participa lu brutu,
E ogni animali simplici, e innocenti ?

Innatu a la materia, o so attributu
Forsi è lu sensu. Ma pirchi guastannu
L'ordini in idda, lu sensu è finutu ?
Forsi esisti da se ? Ma unn' era quannu
L'ordini di lu corpu, et l'armunia
Nun era ancora jutasi furmannu ?

È forsi parti di l'eterna idia.
Di la causa increata ? e s'idda è eterna,
Pirchi fu in tempu l'esistenza mia ?
Lu pinseri, chi s'agita e s'interna,
Nun discerni chi tenebri, ed orruri,
Di cui resta abbagghiatu, e si costerna;

Forsi st'abissu d'umbri cussi oscuri
E l'infinitu limitu fatali

Le souffle aux ossements, la poudre à l'infini?
Si notre esprit aux dieux est à jamais uni,
D'où vient que le destin l'humilie en ce monde
Jusqu'à l'assujettir à la matière immonde ?

Peut-être il n'est au ciel que des persécuteurs,
Et parmi tous ces dieux qui torturent nos cœurs,
Le destin désormais a la toute-puissance,
Peut-être ont-ils voulu châtier notre démence !
Mais s'il en est ainsi, d'où vient que l'animal,
Tout innocent qu'il est, sent l'étreinte du mal ?

Peut-être l'âme est-elle innée à la matière ;
Mais d'où vient qu'on la voit s'éclipser tout entière
Dès qu'un corps est soumis au souffle de la mort?
Peut-être a-t-elle en soi sa vie et son ressort ?
Mais qui la tient cachée avant que l'organisme
Ait vu se compléter son divin mécanisme ?

Peut-être a-t-elle enfin sa source dans le ciel;
Mais comment concevoir qu'un principe éternel
Rencontre parmi nous le temps et la limite ?
L'esprit qui, dans nos corps, s'emprisonne et s'agite,
Voyant à chaque pas grandir l'obscurité,
Après de vains efforts s'arrête épouvanté !

Qui sait? peut-être aussi ce gouffre impénétrable,
Séparant l'infini du monde périssable,

Situatu 'ntra l'omu, e lu fatturi?
  Indarnu umana menti azzanna l'ali
Dintra di sta caligini profunna,
Chi a penetrarla la sua forza 'un vali.

  Chistu è lu sagru velu, chi circunna
La prima essenza, centru, comu un sassu
Di li diversi circuli di l'unna;
  Chi presenti in ogni opra, in ogni passu,
Penetra, avviva, ed occulta a lu sensu
La manu, lu disignu, e lu cumpassu.

  Oh tu, causa, principiu, eternu, immensu
'Ntra li tanti attributi 'un sarrai bonu?
E infelici nni voi senza compensu?
  Lu mali è gloria a lu to eccelsu tronu.

Cache-t-il aux humains le bras qui les régit.
Dans son vol impuissant, vainement notre esprit
Fatigue incessamment les parois de ce monde ;
Il ne peut en franchir l'obscurité profonde ;

Car ce voile nous cache un centre universel,
Majestueux écueil, dont le pied éternel
Brise en cercles nombreux la vague mugissante.
Ce sublime artisan, dans sa marche constante,
Anime, entretient tout, et brille à chaque pas,
Sans laisser découvrir son but et son compas.

O principe incréé ! profonde intelligence !
Parmi tant d'attributs, n'as-tu pas la clémence ?
Le mal est-il pour nous le dernier avenir,
Et mettrais-tu ta gloire à nous y retenir ?

HYMNE A DIEU

INNU A DIU

A Tia l'inni, gran Diu, a Tia li canti,
Chi 'ntra la sfera di tua gloria immersu
Fatt'ai pri lu to verbu l'universu
   Surgiri a un sulu istanti.

A Tia, di li cui pedi eternitati
Forma sgabellu, mentri 'ntra profunni
Vortici di l'abissi urta, e cunfunni
   Tempi, epochi, ed etati.

E lu spaziu stupennu tuttu interu,
L'immenzi globbi in iddu equilibrati
Divisi da distanzi smisurati
   Nun sù pri tia chi un zeru.

HYMNE A DIEU

Seigneur! à toi les chants, les hymnes glorieux,
Car c'est toi qui, du sein d'une immense auréole,
As fait en un instant sortir de ta parole
    La terre et l'infini des cieux.

Gloire à toi, Dieu puissant, qui sous ton pied sublime,
Comme un vil escabeau, plaças l'éternité,
Et qui fais tournoyer les âges dans l'abîme
    Au souffle de ta volonté.

Ces mondes infinis que, dans leur course immense,
Contient incessamment un axe merveilleux,
Et l'espace lui-même, où ta main les balance,
    Ne sont qu'un atome à tes yeux.

Cosa dunqui sarà davanti a Tia
L'omu, di cui 'ntra li sovrani e granni
Oggetti portentusi, ed ammiranni
    Sparisci anchi l'idia ?

Puru a st'atomu menti, ed intellettu
'Ai datu da suspincirsi a li celi,
Duvi a cifri di stiddi cci riveli
    Lu so grandi architettu.

O genurusu Iddiu, chi ti dignasti
Manisfestarti a nui 'ntra li stupendi
Operi toi! ma, oimè! cui li comprendi;
    Tu sulu poi, tu basti.

Reggi, e governi di tua gloria in cima
Lu tuttu, chi per idda fu criatu,
Chi turnirà (da Tia s'è abbandunatu)
    A nenti connu prima.

Granni, immensu, stupendu si nell'opri
Eccelsi di tua manu, ed ugualmenti,
Grandi 'ntra lu cchiù picciulu viventi,
    Chi l'occhiu miu nun scopri.

Fusti, e sarrai chiddu, chi si; nè fini,
Né principiu cc'è in Tia: suvranamenti
Bonu, giustu, beatu, onnipotenti,
    Granni senza confini.

Qui donc à tout jamais doit régner à ta place?
L'homme! mais ses trésors, ses couronnes de roi,
Son génie et ses arts, tout s'abîme et s'efface
    Sans laisser de trace après soi.

Tiendrait-il donc de Toi la sagesse profonde
Qui, seule en tous les temps, fit mouvoir dans le ciel
Ces astres infinis qui révèlent au monde
    Un créateur universel?

Mon Dieu! que ta bonté paraît dans ces ouvrages
Où tu brilles pour nous au sein de tes splendeurs!
Mais quel autre que Toi, dans la suite des âges
    Peut en sonder les profondeurs?

Des hauteurs de ta gloire embrassant la nature,
Ton regard ne voit rien qui ne soit fait pour lui,
Et qui ne fût plongé dans une nuit obscure
    Si tu le laissais sans appui.

Si la sublimité de ta sainte sagesse,
Dans les plus grands travaux, éclate à tous les yeux,
Le plus petit ciron nourri par ta tendresse
    Est aussi parfait que les cieux.

Tu fus et tu seras, et ton unique essence
Qui fait briller partout la sublime raison,
La bonté, la justice et la toute-puissance,
    Ne connut jamais d'horizon.

Esalttinu li celi, Angili, e Santi
Li gran prodigj di l'onnipotenza;
Ma la bontà infinita di tua essenza
Fa, chi in godirti eu canti.

Que les anges, les saints et l'infini du monde
Célèbrent, ô mon Dieu, l'éclat de ta grandeur ;
Pour moi, c'est ta bonté qui charme et qui féconde
  Les chants qui naissent dans mon cœur.

OBSERVATIONS GRAMMATICALES

SUR LE DIALECTE SICILIEN

Nous croyons utile de donner ici quelques renseignements sur les différences qui existent entre le dialecte sicilien et la langue classique de l'Italie.

Les lettres de l'alphabet sont les mêmes dans l'une et l'autre langue et se prononcent de même, seulement pour donner plus de force à certains mots, les Siciliens remplacent le *d* simple par un double *dd*, comme dans ce vers :

Vidi dd' umbra chi gira a dd'autru cantu.

Beaucoup de mots siciliens ne diffèrent de l'italien que par les changements de voyelles qui se rencontrent soit au commencement, soit au milieu, soit à la fin de ces mots.

Ainsi l'*a* est supprimé dans le mot *arena* qui s'écrit en sicilien *rena* et à la fin du mot *faccia* qui fait *facci*.

L'*e* subit plusieurs variations; il se change en *i* comme dans les mots suivants: *Dia cori morti lagrimi impiu* au lieu de : *Dea core morte lagrime empio*.

L'*e* est parfois remplacé par un *a*, ainsi *seppi* devient *sappi*, *maremma*, *maramma*, ou par un *u*, exemple: *collera*, *colura*, *pure, puru, rame, ramu* et quelquefois il est complètement supprimé ainsi : *siete, siti, sangue, sangu.*

L'*i* est tantôt ajouté au mot italien, ainsi : *fingo*, s'écrit *finciu, stringo, strinciu, farmi, farimi, dirmi, dirimi.* Tantôt il se double : *desia, desijari;* souvent il se supprime comme dans les mots *tiene, teni, cielo, celu, intiero, interu.*

Lorsque le mot est précédé de *in* l'*i* est remplacé par une apostrophe : *in fretta, 'nfretta, in cerca, 'ncerca;* lorsque le mot commence par un *m*, non-seulement l'*i* est supprimé mais l'*n* devient *m, in mezzo, 'mmenzu, in miritati 'mmiritati.*

L'*o* se change le plus souvent en *u*, qui se prononce comme en italien : *ombra, umbra, amore, amuri, cielo, celu,* d'autrefois il est remplacé par la diphtongue *au* : *orecchia, aurecchia, godi, gaudi.*

L'*u* se change parfois en *o* : *lunga, longa;* quelquefois il se supprime totalement : *uno 'nu, una 'na.*

Voici maintenant la différence en ce qui concerne les consonnes. On change le *b* en *v, baciare, vasari; basso, vascin; bianco, vrancu.*

Les deux *bb* se changent en deux *gg, rabbia, raggia; gabbia, gaggia.*

Le *c* change tantôt en *g* : *ciglio, gigghiu,* tantôt en *s* : *bacio, vasu,* quelquefois en *z* : *bilancia, valanza; conciare, cunzari.*

Les deux *cc* en deux *zz, minacciare, amminazzari; bonaccia, bunazza; giaccio, jazzu, straccio, strazzu.* Par ces exemples on voit que le *c*, non pas au commencement du mot, mais au milieu et suivi de deux voyelles, se change en *z*.

Le *d* se change ou en *i* : *vada, vaja,* ou en *v* : *chiodo, chiuvu,* ou en *t* : *strada, strata; lido, litu.*

L'*f*, suivi de deux voyelles, dans l'orthographe ancienne se change en *x*, dans la moderne en *sc* ou en *c* doux : *fiamma, xiamma, sciamma, ciamma; fiori, xiuri, sciuri, ciuri; fiume, xiumi, sciumi, ciumi.* Aux deux *ff* on substitue *sc* ou *c* doux : *soffio, sciusciu* ou *ciusciu.*

Le *g* se change en *c*: *stringere, strinciri; sospingere, suspinciri; pingere, pinciri*; souvent en *j*: *gelo, jelu; giorno, jornu; giunto, juntu; giurare, jurari.*

Glia se change en *gghia, glie, gli* en *gghi. glio* en *gghiu*: *maraviglia, maravigghia; sciogliere, sciogghiri; scogli, scogghi; coniglio, cunigghiu.*

Gli, placé avant ou après un verbe se change en *cci*: *gli passa, cci passa; gli more, cci mori; fagli, digli, parlagli* font *facci, dicci, paracci.*

Deux *gg* se changent en *i* ou en *j*: *lampeggiare, lampiari* ou *lampijari; fuggire, fuiri* ou *fujiri; veggo, viu* ou *viju.*

La lettre *l* se supprime: *dolce, duci; volta, vota; rivoltare, rivutari*; ou se change en *u*: *altero, auteru; alto, autu; falso, fausu; altro, autru*; ou se double: *solenne, sullenni.*

Les deux *ll* se changent en deux *dd*: *favilla, faidda.*

L'*n* quelquefois s'ajoute: *riesce, rinesci*; ou se double: *tenere, tenniri; cenere, cinniri.*

Le *p* se change en *b*: *splendore, sblenduri.*

Deux *pp* se changent en *cc*: *sappiate, sacciati*. Quelques mots commençant par *pia* se changent en *chia*: *pianto, chiantu; piano, chianu; pianta, chianta*; quelques-uns en *cchiu.*

D'autres commençant par *que* changent cette syllabe en *chi*: *quello, chiddu; questo, chistu*. Quelquefois le *que* se change en *cu* ou en *ca*: *cinque, cincu, adunque, addunca; dunque, dunca.*

L'*r* se double: *farà, farrà; sarà, sarra; dirà, dirrà.*

L'*s* se change en *z*: *pensa, penza* ou en deux *tt*: *fiso, fittu*; ou se double: *cosi, cussi; muso, mussu.*

Deux *ss* se remplacent par deux *zz*: *posso, pozzu; possa, pozza*, ou par *sci*: *basso, vasciu; bassezza, vascizza.*

Le *t* se change en *r*: *potra, purrà.*

Le *v* tantôt se change en *p*: *riva, ripa*; et tantôt se supprime: *favilla, faidda.*

Je dois ajouter en terminant qu'on trouve dans Meli des expressions qui appartiennent exclusivement au dialecte sicilien, par exemple : *accanzari*; tirer profit d'une chose, *brigghiu*, trouble qu'on jette dans les affaires ou dans les amours d'autrui, *caracozzu*, prison; *paiseddu*, petit pays; *picciriddu*, un petit enfant, et beaucoup d'autres qui exigeraient un vocabulaire spécial.

www.ingramcontent.com/pod-product-compliance
Lightning Source LLC
Chambersburg PA
CBHW071605170426
43196CB00033B/1785